JN026197

大学改革支援・学位授与機構 大学改革マネジメントシリーズ

大学が「知」のリーダーたるための

成果重視マネジメント

独立行政法人
大学改革支援・学位授与機構 編著

ぎょうせい

まえがき

　大学改革支援・学位授与機構（National Institution for Academic Degrees and Quality Enhancement of Higher Education, NIAD-QE、以下「機構」と略します。）は、1991年（平成3年）に学位授与機構として設置されました。高等教育機関における教育研究の質保証を実施する第三者機関の機能を果たすために、大学評価・学位授与機構へ改組（2000年）した後、独立行政法人化（2004年）を経て、2016年（平成28年）に独立行政法人国立大学財務・経営センターと統合しました。

　機構は、大学評価・学位授与機構および国立大学財務・経営センターの発足以来、評価事業、学位授与事業および施設費等の貸付・交付事業を通じて、大学等の教育研究水準の向上に資するとともに、高等教育段階における多様な学修の成果が適切に評価される社会の実現を図り、わが国の高等教育の発展に貢献する活動を進めてきました。さらに、海外の質保証機関と連携協力のための覚書（ヨーロッパ地域5機関、アジア太平洋地域8機関）を交わし、情報交換や人材交流、共同プロジェクトの実施や国際ワークショップの共同開催などの連携を進めています。また、国際的な質保証機関ネットワーク［高等教育質保証機関の国際的ネットワーク（INQAAHE）、アジア太平洋質保証ネットワーク（APQN）、米国高等教育アクレディテーション協議会国際質保証グループ（CIQG）］に参画し、ネットワークを通じて相互理解や優れた取組の共有促進を図っています。さらに、2010年には「日中韓質保証機関協議会」が発足し、日中韓における質保証を伴った大学間交流の促進にむけて、相互理解や質保証に関する共同プロジェクトを実施しています。

　このような質保証（評価）事業の遂行に加えて、社会全体に「評価文化」や「質保証文化」の醸成・定着を図るために、大学評価・学位授与機構　大学評価シリーズ（全6巻）を発刊しました。現代社会のグローバル化・国際化が急速に進んでおり、機構が10年余にわたって実施してきた評価事業を通じて、明らかになってきた高等教育機関の課題、教育研究の質保証のあり方などを解説する目的で、2017年からは大学改革支援・学位授与機構　高

等教育質保証シリーズ（全3巻）を発刊しました。

　質保証シリーズでは、大学自身による教育研究の質管理と内部質保証が第一義的に重要であり、その内部質保証と連動した第三者機関による外部質保証（認証評価や国立大学教育研究評価）を解説しました。

　「知識基盤社会」がサミットで話題になって20年以上が経過しましたが、今や第四次産業革命（情報革命、AI革命）が急速に進行し、人工知能（Artifical Interigence, AI）、ビッグデータ（Big Data）、モノのインターネット（Internet of Things, IoT）等の先端技術が高度化しています。これらがあらゆる産業や社会生活に取り入れられ、社会や産業を変えるイノベーション（刷新、革新）の波が世界を覆っています。

　科学技術の発展は、問題解決をもたらす希望ではありますが、未来への不確実性をもたらす不安要因でもあります。このような世界的規模の激しい社会的変化の中で、新しい「知」の創造・継承・発展への期待が今まで以上に高まっており、大学は教育研究の本来的な機能の発揮を通じて、社会の発展を推進し、支える基盤とならなければなりません。このことは、世界の多くの国々で共通的に認識され、政策的な努力や各大学の対応が推進されています。すなわち、新しい時代に対応した大学像が求められ、それに沿ったマネジメント改革が喫緊の課題となっています。

　このように、大学周囲の環境が劇的に変化するとともに、高等教育には教育パラダイムから学修パラダイムへの転換、すなわち「教員が何を教えるか（インプット、プロセス）」から「学生が何を学び、何ができるようになるか（学修成果：アウトプット、アウトカムズ）」への転換が求められています。換言すれば、高等教育には「個々人の可能性を最大限に伸長する教育」が渇望されています。この期待に応えるためには、マネジメント改革が不可欠となっています。わが国の大学は、そのマネジメントに関しては多くの課題を抱えており、このシリーズが課題解決に資することを期待しています。

2020年10月

独立行政法人　大学改革支援・学位授与機構

参与・名誉教授　　川　口　昭　彦

目　次

第三部　研究マネジメント

※ 本書の《注》に掲げた各ウェブサイトの最終アクセス日は2020年9月10日

第一部
組織マネジメント

　大学は大海原を航行する大型タンカーに 擬 えることができます。積み荷を届ける港（養成しようとする人材像やめざす研究成果）は決まっていますが、刻々と変化する環境に対応し、計画的に航海をしなければ目的地には到着しません。また、舵を切っても、自動車のようには急に曲がれません。例えば、新しい学部・学科の構想・新設から卒業生を輩出するまでには、最低5～6年はかかります。当該学部・学科における学修成果や研究成果が、社会で認められるまでには、もっともっと長い時間が必要です。したがって、大学では、少なくとも四半世紀程度先の社会を想定した教育研究のマネジメントが求められます。

　航行する海（社会環境）は、いつも穏やかとは限りませんし、航路上のトラブルも想定しておく必要があります。わが国の18歳人口は、2018年の118万人から、2030年105万人、2040年88万人と減少の一途をたどると予測されています（文部科学省「学校基本調査」）。すなわち、2040年には現在の7割程度にまで落ち込むことが予測されているわけで、この対応が現在の大学の切実な課題です。さらに、第四次産業革命とよばれている技術革新（イノベーション）やグローバル化など急激な社会変動にともなって、社会の求める人材像は大幅に変化するとともに、多様な人材の共存が不可欠となってきています。このような社会の状況に対応できる人材育成が大学に要請されています。大型タンカーの操船についても、かつては気象変化やトラブル対応については、船長はじめ乗組員の経験や勘に頼ることが多かったわけですが、現在は情報技術等を駆使したマネジメント中心となっています。前書で何度も指摘しましたように［たとえば、独立行政法人大学改革支援・学位授与機構編著（2020）高等教育質保証シリーズ『内部質保証と外部質保証―社会に開かれた大学教育をめざして』ぎょうせい、pp.13-21］、20世紀までの大学は「知の共同体」でしたが、21世紀の大学は「知の協働・経営体」でなければなりません。すなわち、組織（大学、学部あるいは学科）として、どのような人材の育成をめざすのか、あるいはどのような研究成果を期待するのかを明確にし、組織全体が、それに向けて教育研究を推進することが肝要です。いわゆる「一本槍」が通じる時代ではなく、組織マネジメント能力が問われることになります。

第1章　インプット・プロセスマネジメントから成果重視マネジメントへの変革

マネジメントは、「経営管理」と日本語訳されており、経営管理とは、「人に働きかけて、協働的な営みを発展させることによって、経営資源の転換効率や環境適応の能力と創造性を高めて、企業の目的を実現しようとする活動である。」と定義されています[(1)]。この定義の「企業」を「大学」に置き換えて、以下の議論を進めます。

教育研究の水準向上を支える基盤は「マネジメント力」です。ここでいうマネジメント力とは、資源（人的資源、物的資源、資金、情報など）を獲得する力であり、これらの資源を有効かつ効率的に活用する力をさします。強いマネジメント力が教育研究水準の向上を促し、高い教育研究水準が強いマネジメント力を産み出します。大学を取り巻く環境が厳しさを増せば、マネジメントの巧拙がより直接的に教育研究水準に影響を及ぼすようになります。教育研究水準を維持・向上させるためにも、マネジメント力を持続的に高めていく必要があります。

資源獲得の手段や方法に精通することだけでは、決して十分ではありません。高等教育の周囲の環境や社会のニーズは、驚異的かつ急速に多様化・高度化しています。これに伴って、高等教育に対する期待が高まるとともに、大学を取り巻く環境は非常に厳しく、社会の目も厳しさを増しています。したがって、それぞれの大学がめざす使命（ミッション）に基づいて、教育研究の成果が社会の要請にどの程度応えているかを絶えず分析しながら、その結果を踏まえたマネジメントが求められています。

第1節　21世紀に必要な人材像と大学における教育研究の機能

技術革新（IT化、AI活用など）やグローバル化が急速に進展するとともに、少子・高齢化が進む社会情勢の下で、大学には、新たなイノベーションを発揮し、予測が難しい未来に向けて、主体的に将来を選択することが求め

られています。

　前書⁽²⁾で何度も指摘しましたように、産業社会（20世紀まで）は、比較的画一性が高い社会であったために、そこで必要な知識、技術あるいは能力は、比較的定義しやすく、社会で共有されやすい傾向にありました。したがって、標準的な知識や技術等を基礎として、それらを如何に応用していくかが問われ、組織の中では、構成員の協調性や順応性が重視されていました。日本社会は、明治以来、欧米に追いつくことをめざして、発展してきました。このためには、同質性や均一性の高いことが、好都合であったのかもしれません。

　しかし、変化が激しく、グローバル化が急速に進む知識社会においては、他と同じことを重視する画一的・均一的な組織には活力ある未来は望めません。さらに、日本が抱える大問題は、政府の予想を超えるハイペースで進む少子・高齢化です⁽³⁾。人口減少にもかかわらず、わが国の生産性を向上（少なくとも維持）することが不可欠であり、知的生産性、知的多様性、そして知的流動性の向上に貢献することが、大学に対する至上命令です（コラム1-1）。

コラム 1-1

大学は、**知的生産性**、**知的多様性**そして**知的流動性**の向上に貢献しなければならない。

　知識やスキルをAI活用によって補うことができる時代に求められる能力は、①創造的な思考、②社会的知性とネゴシエーション、③非定型的な事象への対応の三つです（表1-1）。今や、大学教育では、これらの三能力を学生に身につけさせる学修が必要です。すなわち、AIにはできない能力を身につけることが肝要です。

多様な専門家（プロフェッショナル）層の形成

　知識社会（21世紀）では、ある程度ものごとの動向が予想できる産業社会とは違って、"答のない問題"あるいは"想定外の事態"に対して最善の解を導きだす能力が求められます。イノベーションが急速に進み、社会環境

表 1-1　AI 時代に求められる三能力

① 創造的な思考能力 ・コンテキストを理解して、自らの目的意識に基づいて方向性や解を提示できる。 ・抽象的な概念を整理・創出できる。
② 社会的知性とネゴシエーション能力 ・サービス志向性のある対応ができ、理解・説得・交渉などの高度なコミュニケーションができる。 ・自分の立場と異なる他者との協働作業ができる。
③ 非定型的な事象への対応能力 ・役割が必ずしも体系化されていない中で、多種多様な状況に対応することができる。 ・予め用意されたマニュアル等に頼るのではなく、自分自身で適切な方向性や解を判断できる。

が刻々と変化する中で、こうすれば正しい結果がでるといった模範解答は、もはや、どの分野にもなくなりつつあります。このような状況に対応するためには、知的多様性が不可欠となるとともに、自ら自主的に課題を発見し、それに果敢に挑戦していく意欲や創造性、個性などが重要になります。多様な知識、技能（スキル）、コンピテンシー⁽⁴⁾そして経験をもつ人たちで構成されている組織が、知識社会の牽引力となるのです。すなわち、予想していなかった事態に遭遇した時に、そこに存在する課題を発見し、それを解決する方法を見定める能力をもった人材、換言すれば、イノベーションを起こす人材が渇望されているのです。イノベーションを起こすことは、一個人だけでは困難ですから、多様な分野のプロフェッショナルの協力が不可欠となり、ネットワーク形成力や交渉力がチームとしての協調の鍵となります。もちろん、チームは、同じような経験を共有するのではなく、多様な経験をもった人たちで構成しなければならないことは当然です（コラム 1-2）。すなわち、多様性を認め合うことが、一人ひとりのモチベーションの向上や自己実現の可能性を高めるとともに、組織や社会にとっても、イノベーション力の向上や発想の柔軟性をもたらすことになります。

> **コラム 1-2**
>
> **知識社会**は、**創造性**、**個性**そして**能動性**に富む人材（**プロフェッショナル**）を渇望している。大学教育は**多様なプロフェッショナル**を育成する責務がある。

　社会は、今後の変化に対応するための基礎的な力と将来を見据えて活路を見出す原動力となる人材を切望しています。大学教育で養成される人材に対して、社会が期待をもっている理由はここにあります。そこでの学修が、これからの時代をリードし、個人として発展する基礎となるか否かは、社会にとってきわめて切実な問題です。大学教育に求められることは、このような知識社会に貢献する人材、すなわち知識・技能および人間性の豊かなプロフェッショナルを育てることです。そして、多様でかつ厚いプロフェッショナル層が、組織、国あるいは国際社会の発展に貢献し、社会の財産となるのです。

　ここで、プロフェッショナル、スペシャリスト、エキスパートの言葉の定義を確認しておきます。これらの言葉は、日本語では全て「専門家」とよばれますが、それぞれ異なります（コラム 1-3）。エキスパートやスペシャリストは、部分的に担当する仕事について、正確さや効率アップを求められます。これに対して、プロフェッショナルの仕事は、一部分だけ担当するのではなく、個性化することによってレベルを上げていくことです。もちろん、エキスパートやスペシャリストとよばれる人材が、経験を積んで、そのスキルを生かして組織全体のコンセプトを構想するようになれば、当然プロフェッショナルです。

コラム 1-3

エキスパート（expert）：ある分野で訓練・経験を積み、高度な知識やスキルをもった人

スペシャリスト（specialist）：特定の分野について深い知識や優れたスキルをもった人
　・仕事のある一部分だけを担当する。
　・仕事の正確さ、効率、件数等で評価される。

プロフェッショナル（professional）：職業としてそれを行う人
　・仕事全体に責任を負う。
　・仕事の生産性や成果により評価される。

大学における教育研究の機能

　上記のような社会のニーズに応えるために、大学教育はどうあるべきでしょうか。Gasset[5] は、大学教育のもつべき機能として**コラム 1-4** に示す三項目をあげています。

コラム 1-4

大学教育は、次の三つの機能からなる。
(1) 教養（文化）の伝達
(2) 専門職教育
(3) 科学研究と若い科学者の養成

　これら三項目のうち、教養教育と職業教育については、西欧で非常に長い歴史がありますが、「研究活動」が加わったのは、19 世紀ドイツのフンボルト理念[6] 以降です。したがって、大学の研究活動拠点としての機能には、200 年程度の歴史しかありません。大学における研究活動の成果が産業で応用され、産業が活性化し、結果として大学と産業の結びつきを強めることになりました。「研究活動を行うことが教育にもなる」という考え方は、「有用性」と結びつくことによって正当化されてきたわけです。

　しかしながら、大学をめぐる諸問題には、有用性、能率本位、コスト原理だけでは決められない重要課題も含まれています。唯一の正解だけが存在する問題もあるかもしれませんが、試行錯誤を繰り返すことによって適切な解が見つかる事例も多々あります。市場経済や民主主義も、人々の思考時間を短くする傾向にあります。人々を目先の利益に集中させ、10 年先あるいはいつ現れるかわからない問題に関心をもち続ける忍耐力を人々から奪ってしまいます。

　教育と研究のウェイトについて、Hutchins[7] が教養教育の重要性を指摘しています（表 1-2）。大学教育が目先（短期的な）の有用性にのみ拘ることへの警告であり、これからの動向が見えにくい知識社会に対する警鐘といえます。教養教育の「有用性」を説明することは簡単ではありません。各大学の理念に基づいた教学マネジメントが求められる所以です。このことは、前

表 1-2　Hutchins [7] が指摘する教育と研究のバランス

> 科学が細分化をその命としつつ、専門性を高めていくからと言って、教育が専門的なものだけに終始することが当然と考えてはならない。いかなる専門家も、一人の人間であり、市民であるかぎり、自身の専門的知識の「全体」の中での意味を理解しなければならない。研究の優位性が突出すると、研究で優れた大学がよい大学だという風評が強くなる。しかし、事態は逆でなければならない。良い大学、道徳と知性のバランスの取れた教養教育を行う大学に、専門職大学が付属しているというのが、高等教育の健全な姿なのだ。[猪木武徳（2009）より転載 [8]]

書 [9] でも議論しました。

　教養教育（リベラル・アーツ）とは、ヨーロッパの大学制度において、中世以降、20 世紀前半まで「人がもつ必要がある技芸（実践的な知識・学問）の基本」と見なされた自由七科のことです。具体的には文法学、修辞学、論理学の三学および算術、幾何学、天文学、音楽の四科のことでした。もちろん、リベラル・アーツは、現代の状況に合わせて再構築する必要があります。かつて筆者が東京大学学士課程前期課程教育カリキュラム改革 [10] に取り組むにあたり、リベラル・アーツを再定義しました（表 1-3）。すなわち、人文科学・社会科学・自然科学の基礎分野を横断的に教育する科目群・教育プログラムを提供し、特定の専門分野に偏らない総合的な視野を獲得させ、同時に専門課程に進むために必要最小限の知識、知的感性・理性を身につけさせ、専門的なものの見方・考え方の基本を学修させることを目的としました。

　東京大学学士課程前期課程教育カリキュラム改革のきっかけは、1991 年（平成 3 年）に施行された大学設置基準の改正（いわゆる「大綱化」）でした。「大綱化」の対処として、東京大学以外の大半の国立大学は、教養部を改廃して「専門教育の強化」の道を選びました [11]。大学の社会的役割を論じる時に、「専門教育」と「研究」をあげるのが普通となっている現代では、この選択に至った状況は理解できます。しかしながら、この道を選択するにあ

表 1-3　「リベラル・アーツ」の再定義

> ①　専門教育に進む前段階において、同時代の知に関する広い見識と、それによって涵養される豊かな判断力を養う。
> ②　同時代の知の基本的枠組み（パラダイム）の学習と、そのような知にとって不可欠の基本的な技能（テクネー）の習得

たり、「21 世紀前半の学士課程教育がいかにあるべきか」について、大学内でどのように議論されたかは定かではありません。少なくとも、平成 13 年度着手分大学評価、全学テーマ別評価「教養教育」[12]の自己評価書からは読み取れません。大学から提出された自己評価書に頻繁に登場する言葉は「全学出動体制」でした。全学出動体制は、専門教育と教養教育の有機的な連携、あるいは全学の教員による豊富な授業の提供という視点では成果が期待できたかもしれません。しかしながら、成果を産むためには、全学的な教学マネジメントが必要不可欠であったでしょう。むしろ現実は、担当教員に丸投げするだけで、教養教育の存在意義は拡散し、教養教育の責任主体が曖昧になってしまったことが危惧されます[11]。

第2節　大学教育への期待：「プロフェッショナル」を育む

　おそらく 19 世紀以降、教育の有用性を将来の職業等にどのように関連づけるかという視点から、専門教育への「実利性」が強く主張されるようになりました。これとともに大学は教養教育に対する不満や批判に曝されてきました。しかしながら、アメリカ合衆国では、多様なリベラル・アーツ・カレッジが、人材育成に不可欠な存在として発展していることからも、教養教育が社会によって必要不可欠な機能を果たしていることが理解できます。また、専門教育の「実利性」ばかりが追求されることによって、社会にとって不都合な事態が生じてしまうことは、経験的に認識されています。

　今や、知識・スキルはインターネット等により獲得できるわけですから、対面式の教育機関では、表 1-1 (p.5) に示したような、もっと高度な学修成果が求められます。わが国では、従来から判断力の涵養は、主として経験の積み重ねによって行われ、年齢のもたらす知恵と経験に頼ることが重視される傾向がありました。しかしながら、大学教育には、予測が難しい未来に向けた判断力や課題解決能力の養成が渇望されています。

非認知的能力の育成

　大学教員は、今まで知識・スキルの伝達者としての役割を果たしてきたに過ぎなかったのではないでしょうか（分野による相違もあるでしょうから、多

少言い過ぎかもしれませんが？）。定型的な知識を吸収する能力だけではなく、非定型的（non routine）事象に対応できる判断力をもつ者こそが人材として必要であるという認識に社会は至っています。すなわち、実利性や専門性を直接めざすものではないものの、長期的あるいは間接的に思考力・判断力を鍛錬し、非定型的あるいは非日常的な事態に対応できる能力を身につけさせる学修が求められています。

　知識やスキルは急速に陳腐化するわけですから、学生が将来の長い人生を生きるためには、知識そのものの伝達より「知識欲」の育成が肝要です。あるいは「Learn how to learn（いかに学修するかを学修する）」とも言えます。大学への進学者が増加するにつれて、学生の勉学に対する姿勢も多様になっています。知識欲を失って勉学に関心のもてない学生に対して、いかに学生の好奇心を喚起するか、どのようにすれば授業内容に興味を感じさせるようにするかについて、教員はエネルギーを割かなければなりません。「俺の後ろ姿を見てついてこい。」が通用する時代ではなく、若者の関心を喚起するために教える側の「サービス精神」が必要です。しかしながら、学生が苦痛を感じることを強制し、訓練するという要素を忘れがちになることも避けなければなりません。訓練と強制という要素は、教育には不可欠です。面白さや関心だけから、勉学への積極的な姿勢を引き出そうとすることは、あまりにも一面的すぎます。高等学校の学修内容が定型化されてしまうことは、ある程度避けがたいと思います。だからこそ、判断力・思考力を高め、非定型的・非日常的な事態に対する対応能力を高める大学教育が渇望されているのです。

知的流動性を高めるための情報提供

　高等教育のグローバル化が急速に進み、かつユニバーサル段階に達していますから、知的多様性と知的流動性が基本的な要件として求められます。知的流動性については、国境を超える流動性と教育セクター間の流動性があります。日本では、少子・高齢化が予想を超える速度で進行[3]していますから、知的生産性の維持・向上を図るためには、知的流動性を高めることが必要です。

　ここでは、知的流動性を高めるために必要な学位・資格枠組について言及

します。同じ分野に属する人であれば、学位名や資格名だけから対象者の知識、スキル、コンピテンシーは、ある程度理解できるかもしれません。しかし、同じ学位名あるいは資格名でも内容は多様化していますから、対象者の能力を知るためには、さらに詳細な情報（コラム 1-5）が必要となります。

コラム 1-5

学修レベルを理解するために必要な情報
（1）知識と理解
（2）汎用的（分野共通の）技能
（3）職務上の技能
　・専門実践技能
　・対人技能
　・分析技能
　・管理・指導技能
（4）自律性と責任感
（5）倫理観とプロ意識

ヨーロッパ諸国 [13] や ASEAN 諸国 [14] では、学修者や就業者の学修・訓練および移動に有用な情報を「学位・資格枠組」として公表しています。筆者ら [15] は、**コラム 1-5** に示した情報に準じた資格枠組を作成し、各職業教育分野や関係企業で汎用性を確認しています。

大学院制度の課題

　第二次世界大戦後の高等教育改革は、基本的には、いわゆる「アメリカ合衆国方式の移入」であったわけですが、アメリカ合衆国システムの内実を伴った形での移入であったかについては疑問があります。その一つが大学院制度です。大学院自体は旧帝国大学の発足時（1886 年）に設立されました。戦前の大学院は研究者の養成（博士学位取得）が目的であり、博士課程が、学部の上に設置されていましたが、教育機能は備えていませんでした。戦後の教育改革では、アメリカ合衆国方式と旧帝国大学方式を混ぜ合わせるような形で制度化され、「大学院は研究者養成」という考え方が一般的でした。

　その後、大学院設置基準が制定（1974 年）され、制度運用に柔軟性をも

表1-4　日本の社会科学分野の大学院についての指摘 (16)

> 応募段階で、希望する指導教官を願書に記入させるのが通例となっている。これは、入学した時点で、「学生は被支配者であり、教員が学生に対し生殺与奪の権力を持つ」ことを意味している。教員の多くはどうしても自分の考えや価値観を押しつけてしまい、学生の自由闊達な研究心を歪める危険性がある。さらに、「欧米の大学者の学説を金科玉条とし、その弟子としての役割に満足しようとする不思議な嗜好」がある。

たせ、従来のいくつかの制約が緩和されました。これによって、理科系の研究科では改革が進みましたが、文科系の研究科ではあまり進展はありませんでした。British Columbia 大学（カナダ）の永谷敬三教授 (16) が、わが国の大学院について大変辛辣な指摘をしています（表1-4）。また、わが国の社会科学の教育研究については、OECD 調査団報告 (17) でも痛烈な批判が記述されています。これらの批判点の全てが当を得ているわけではないかもしれませんが、傾聴すべき内容も多々あるでしょう。

　文科系学部の卒業生の大部分は企業に就職します。そこで、日本と西欧諸国の管理職（部長、課長）を対象としたアンケート調査結果を比較してみましょう (18)。経済界における管理職は、大学院修了者の多い西欧諸国に対して、わが国では四年制大学卒業者が圧倒的に高くなっています（回答者の84.3％）。上述のように、わが国とアメリカ合衆国の高等教育システムは共通性が高く、ヨーロッパ諸国のそれとは多少異なりますので、以下アメリカと日本の比較データのみを示します。管理職の回答者の中で、「大学院以上」の学歴をもつ者は、日本ではわずかに1.9％に対して、アメリカでは60.9％に達します。日本の特色は、管理職にある者の現在の職能と高等教育で専攻した分野の相関が薄いことです。すなわち、わが国では、最終学歴の教育内容が「かなり役立った」と答えている者はわずか1割強に対して、アメリカでは5割近くに達しています。逆に、「役に立たなかった」という否定的評価は、日本の25％に対して、アメリカでは4.4％と非常に低い値となっています。アメリカは日本より管理職層の仕事内容と高等教育機関で受ける教育がより強く結びついていることが窺えます。上記は1990年代の調査ですから多少改善しているかもしれませんが、現状をほぼ反映していると思われます。また、公務員の幹部職員の学歴についても同様でしょう。

　このような状況は、わが国の雇用制度と深く関係しています[19]。終身雇用を前提として、仕事に就いてから組織内における経験の蓄積や教育訓練が大きな比重を占めているわけです。すなわち、エキスパートやスペシャリストが、組織内の教育訓練等を通じてジェネラリストとなり、これが組織全体のマネジメントに責任をもつというのが日本の特色で、わが国の国際社会における存在感を高めることに多大な貢献をしたことは疑問の余地はありません。しかしながら、わが国独特の雇用環境も徐々に崩れ始めています[20]、急速な技術革新が進む社会の機能を考えた場合、特定の分野に秀でた人材をその分野に配置し、社会的役割の実行や課題の解決を任せるという方向に舵を切るべきであり、このために、多様なプロフェッショナルを育てる専門職教育としての大学院の更なる充実が必要でしょう。

第3節　マネジメントと学問の自由

　日本の大学の画一性は、以前と比較して、ずいぶん変わってきてはいますが、何ごとも横並び、集団主義、形式主義など、20世紀の昔と同じ空気が残念ながら残っています。各大学には、激動する社会を見据えた個性あるマネジメントが求められていますが、わが国の大学マネジメントは、欧米諸国のそれと比較して、課題を抱えています[21]。少子・高齢化社会を迎えても生産性の維持・向上を図ることが、国際社会における日本の存在感を高めるための重要課題であり、知的生産性の維持・向上が教育関係者に課せられた責務です。したがって、この知的生産性を視野に入れたマネジメントが重要になります。大学マネジメントの現状分析と改革の方向性は、すでに前書[21]で議論しました。さらに、教学マネジメントおよび研究マネジメントに関する詳細は、本書の第二部および第三部で、それぞれ議論します。この節では、マネジメントと学問の自由について考察します。

学問の自由、大学の自治そしてマネジメント

　学問の自由は、単に個人の好奇心を満たす権利の擁護としてではなく、社会全体が適切な判断を産み出すために必要なものです。大学という組織の基本理念はヨーロッパで形成され、「学問の自由（思想の自由）」に対する長い

長い熾烈な戦いとともに、ヨーロッパ社会の政治的・経済的発展に貢献してきました。19世紀までは、大学教授の第一の職務は「教育」でしたし、ほとんどのすべての大学は国家や王室あるいは教会から土地を与えられ、そこから得られる収入で教職員の給料や建物の維持管理費用が賄われていました。これを根本的に変えることになった契機の一つが、フンボルト理念によるベルリン大学（1810年、現在のフンボルト大学）の創設です[22]。フンボルト理念の特色は、①主たる役割として研究機能の導入、②国家予算に財政基盤を求める構造の二点です。第二点の財政基盤を国家に求める構造と大学の自治（自律性）を矛盾なく両立させることが、近代大学の直面した問題です。

　近代日本の大学制度は西欧からの輸入品でした。この大学制度の根本原理を見失うことなく、今の時代に適合した形や内容に改革していくことが、求められています。改革を進めるにあたり、あえて一点指摘しておきたいことは教授の選考方法です。わが国では、教授選考は教授会に任せるという「教授会自治」ですが、ヨーロッパでは、大学管理機構の指導の下で進められます。これには、学問の自由を犯す危険性は、国家権力だけではなく、大学自体の内部構造、とくに閉鎖性の中にも潜んでいる（閉鎖的な仲間内の独善すなわち独善的な大学の自治）という認識（コラム1-6）があります[22]。わが国の教授選考システムをヨーロッパ型に変えることを主張するつもりはありませんが、大学の閉鎖性に対する警鐘は十分認識しておく必要があります。

コラム1-6

フンボルト理念が懸念する**大学の内部構造**
大学がいったんできあがると、**ある特定の考え方に固執して、それ以外の考え方をもつ者が入ってくることを妨げる傾向**がある。

　高等教育発展過程モデルの三段階[23]の移行に伴う管理運営体制の変化は、次のようにまとめられます[24]。エリート型大学では、アマチュアの大学人が管理者を兼任し、内部運営は長老教授による寡頭支配が常態となりますが、対応すべき重大な学内問題も比較的少なかった時代です。マス型段階では、専任化した大学人と官僚スタッフが管理者となり、内部運営には長老

教授だけではなく、若手教員や学生が参加する民主的な支配が中心となります。学長選考についても、職員や学生が、何らかの形で関与する方式への変化が見られます。これらに対して、ユニバーサル型大学になると、管理専門職が管理者として置かれ、内部運営は「経営」と「教育・研究」を分離し、それぞれを学長（あるいは理事長）が統括します。これら運営委員会では、学内コンセンサスを得る形より、学外者を含めた構成メンバーが実質的に統治を行う例が多くなっています。これは伝統的な大学像とは異なった統治形態の高等教育機関が登場するわけで、「大学の自治」や「学問の自由」などの理念とは両立しない可能性を秘めており、旧来型の「自治」を金科玉条の如く振りかざす時代は終わったと言えます。

　このように、「大学」の概念は、高等教育がエリート段階からマス段階さらにはユニバーサル段階へと移行するにしたがって変化が求められるようになってきています。OECD 高等教育政策レビュー [25] は、日本の高等教育のシステム構造について、数字上ではマス段階ではあるが、文化的にはあらゆるエリートモデルの特徴を保持し続けていると指摘しています（表1-5）。このレビューは、2004 年の改革（国立大学法人化と認証評価制度導入）直後の状況ですが、現在でも本質的には変化していない印象をもちます。

　管理運営体制を考える上で、民主主義社会が生み出した問題の一つに言及したいと思います。市場経済や民主主義は、人々の思考のタイムスパンを短くし、目先の利益に集中させる傾向にあります [26]。そのため、結果が 10 年以上先あるいは何時現れるかわからない問題に関心をもち続けるためには、大変な忍耐力が求められます。大学が扱う諸問題には、能率本位やコスト原理だけでは決められない重要課題が多く、試行錯誤を繰り返さないと解決策が見つからない問題も多数あります。さらに、民主主義は問題解決のための時間コストが大きく、議論を収束させるための技術・努力が求められるとともに、強いリーダーシップも不可欠となります。

表 1-5　日本の高等教育に関する OECD 高等教育政策レビュー [25] の指摘

数字上から言えば「マス」段階のシステムではあるが、文化的にはあらゆる「エリート」モデルの特徴を保持している。

教員の終身在職権

　わが国の大学教員の任期について、大学の閉鎖性の排除、流動性の促進、社会人・外国人任用の拡大等が大学の活性化に必要であるとの判断から、選択的任期制が導入されました⁽²⁷⁾。選択的任期制とは、学内のどの組織、どの職に任期をつけるかについては、それぞれの大学の選択に委ねるということです。これによって最近は、大学等における教育研究に携わる者に、任期付きの雇用形態が目立つようになりました。

　このような教育研究職の雇用の短期化は、管理運営体制にも影響します。雇用形態として三種類が考えられます（表1-6）。アメリカ合衆国では、若手研究者を任期付きで採用し、3 〜 5年の任期が切れる時に、准教授や教授に昇任するか、去るかの審査があります。従来の日本のように、研究者として第一歩を踏み出す時に終身在職権（tenure）が与えられる例は、アメリカではほとんどなく、教育職にある大学人のうちテニュアをもっている者は、全体の30％程度と言われています。現在、わが国では任期付きポストの是非が議論されています。しかし、終身在職権は、学問の自由を保障する機能があると同時に、「何もしない自由」をも保証してしまうシステムであることを認識しておく必要があります。すなわち、教育研究を進展させる要素と停滞させる要素の相反する両者が共存しているわけです。したがって、雇用形態の選択だけではなく、他の制度（たとえば評価制度）を補完的に組み合わせるためのマネジメントが重要です（コラム1-7）。

表1-6　大学における教育研究職の雇用諸形態

①	最初から終身雇用的な契約で雇用する。
②	全員を任期制で雇用する。
③	任期制と終身雇用性を併用する。

コラム 1-7

任期制と終身雇用制、それぞれ一長一短があり、**他の制度**（たとえば評価制度）**を補完的に組み合わせ**なければ、**優れた人材の確保や教育研究の質向上**は達成できない。

教職員の当事者意識の醸成

　大学改革支援・学位授与機構（当時　大学評価・学位授与機構）は、試行的大学評価（2000年）にあたり、各大学の個性や特色を十二分に発揮できるように、評価対象となる教育研究活動について統一的な基準に基づいた評価ではなく、大学自身が設定している目的・目標に即した評価方法を提案・実施しました[28]。その後、各大学には、ディプロマ・ポリシー、カリキュラム・ポリシーおよびアドミッション・ポリシーの三ポリシーを策定し、運用することが求められました[29]。さらに、2020年4月から施行される私立学校法[30]では、経営力強化の一環として、中期的な計画の作成が義務づけられました。

　この中期目標・計画が成果をあげるための最重要ポイントは教職員の当事者意識の醸成です（図1-1）。誰かが作った計画を"やらされる"のではなく、全ての教職員が主体的に関与することが重要です。このためには、中期目標・計画の中における各組織や個人の目標・行動の位置づけを明確にすることがポイントでしょう。もう一点は、成果の検証・質保証とその結果のフィードバックシステム（アセスメント・ポリシー）が確立されていることが重要です。社会の変化が激しい時代ですから、一度策定した中期計画を見直さないことはあり得ません。見直しは必然であり、見直しを含めたマネジメント体制の構築が不可欠です。

図1-1　大学マネジメントの概要

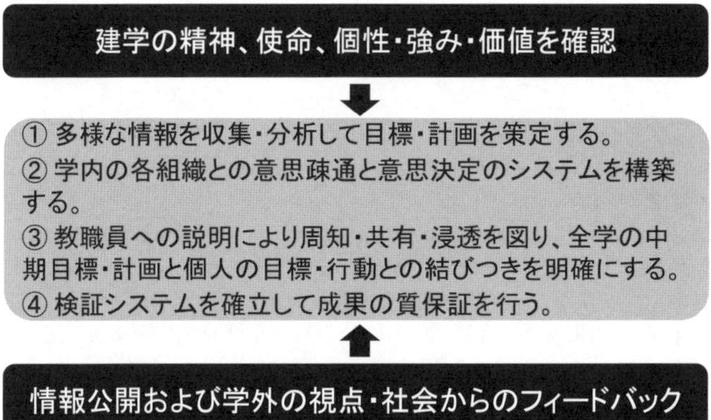

建学の精神、使命、個性・強み・価値を確認

① 多様な情報を収集・分析して目標・計画を策定する。
② 学内の各組織との意思疎通と意思決定のシステムを構築する。
③ 教職員への説明により周知・共有・浸透を図り、全学の中期目標・計画と個人の目標・行動との結びつきを明確にする。
④ 検証システムを確立して成果の質保証を行う。

情報公開および学外の視点・社会からのフィードバック

《注》
（1）　塩次喜代明他（2009）『経営管理』有斐閣アルマ　pp.8-9
（2）　たとえば、独立行政法人大学改革支援・学位授与機構編著（2017）高等教育質保証シリーズ『グローバル人材教育とその質保証─高等教育機関の課題』ぎょうせい、pp.28-31
（3）　人口動態総覧の年次推移
　　　https://www.mhlw.go.jp/toukei/saikin/hw/jinkou/suikei19/dl/2019toukeihyou.pdf
（4）　単なる知識や技能だけでなく、様々な心理的・社会的なリソースを活用して、特定の文脈の中で複雑な要求（課題）に対応することができる力（Glossary 4th Edition 高等教育に関する質保証関係用語集、独立行政法人大学改革支援・学位授与機構、2016年）
（5）　オルテガ・イ・ガセット　井上正訳（1996）『大学の使命』玉川大学出版部　p.30
（6）　川口昭彦（2006）大学評価・学位授与機構大学評価シリーズ『大学評価文化の展開─わかりやすい大学評価の技法』ぎょうせい、pp.3-10
（7）　Robert M. Hutchins（1953）『The University of Utopia』The University of Chicago Press, pp.22-48
（8）　猪木武徳（2009）『大学の反省』日本の現代11NTT出版　pp.171-172
（9）　独立行政法人大学改革支援・学位授与機構編著（2019）高等教育質保証シリーズ『高等教育機関の矜持と質保証─多様性の中での倫理と学術的誠実性』ぎょうせい、pp.41-61
（10）　川口昭彦（2000）教養教育の改革とその評価『東京大学は変わる─教養教育のチャレンジ』浅野攝郎、大森彌、川口昭彦、山内昌之編、東京大学出版会、pp.179-199
（11）　川口昭彦（2006）大学評価・学位授与機構大学評価シリーズ『大学評価文化の展開─わかりやすい大学評価の技法』ぎょうせい、pp.22-24
（12）　平成13年度着手分大学評価、全学テーマ別評価「教養教育」
　　　https://www.niad.ac.jp/evaluation/other_evaluation/report/daigakuhyouka_h13/commencement_h13/1174728_935.html#kyouyou
（13）　European Qualifications Framework（EQF）
　　　https://www.cedefop.europa.eu/en/events-and-projects/projects/european-qualifications-framework-eqf
（14）　ASEAN Qualifications Reference Framework（AQRF）
　　　https://asean.org/asean-economic-community/sectoral-bodies-under-the-purview-of-aem/services/asean-qualifications-reference-framework/
（15）　QAPHEウェブページ
　　　https://qaphe.com/wp-content/uploads/competency2019attachment-a.pdf
　　　https://qaphe.com/wp-content/uploads/competency2019attachment-b.pdf
（16）　永谷敬三（2003）『経済学で読み解く教育問題』東洋経済新報社　pp.179-180
（17）　OECD調査団報告（1980）『日本の社会科学を批判する』文部省訳　講談社学術文庫514
（18）　猪木武徳（2009）『大学の反省』日本の現代11NTT出版　pp.65-69

(19)　濱口桂一郎（2009）『新しい労働社会～雇用システムの再構築へ』岩波新書

(20)　独立行政法人大学改革支援・学位授与機構編著（2019）高等教育質保証シリーズ『高等教育機関の矜持と質保証―多様性の中での倫理と学術的誠実性』ぎょうせい、pp.6-8

(21)　独立行政法人大学改革支援・学位授与機構編著（2020）高等教育質保証シリーズ『内部質保証と外部質保証―社会に開かれた大学教育をめざして』ぎょうせい、pp.3-23

(22)　川口昭彦（2006）大学評価・学位授与機構大学評価シリーズ『大学評価文化の展開―わかりやすい大学評価の技法』ぎょうせい　pp.3-6

(23)　Trow M.（2007）Reflections on the Transition from Eliteto Massto Universal Access: Formsand Phases of Higher Educationin Modern Societies since WWII. Forest J.J.F. and Altbach P.G.（eds）International Handbook of Higher Education. Springer International Handbooks of Education, vol18. Springer, Dordrecht
　　https://link.springer.com/chapter/10.1007/978-1-4020-4012-2_13　独立行政法人大学改革支援・学位授与機構編著（2019）高等教育質保証シリーズ『高等教育機関の矜持と質保証―多様性の中での倫理と学術的誠実性』ぎょうせい、pp.3-5

(24)　マーティン・トロウ、天野郁夫・喜多村和之訳（1976）『高学歴社会の大学：エリートからマスへe』東京大学出版会

(25)　OECD 編著、森利枝訳、米澤彰純解説（2009）『日本の大学改革　OECD 高等教育政策レビュー：日本』明石書店、p.36

(26)　独立行政法人大学改革支援・学位授与機構編著（2019）高等教育質保証シリーズ『高等教育機関の矜持と質保証―多様性の中での倫理と学術的誠実性』ぎょうせい、pp.41-61

(27)　大学審議会答申「大学教員の任期制について」（平成 8 年 10 月 29 日）
　　https://www.mext.go.jp/b_menu/shingi/chukyo/chukyo4/003/gijiroku/attach/1413964.htm

(28)　川口昭彦（2006）大学評価・学位授与機構大学評価シリーズ『大学評価文化の展開―わかりやすい大学評価の技法』ぎょうせい　pp.41-51

(29)　「卒業認定・学位授与の方針」（ディプロマ・ポリシー）,「教育課程編成・実施の方針」（カリキュラム・ポリシー）及び「入学者受入れの方針」（アドミッション・ポリシー）の策定及び運用に関するガイドライン
　　https://www.mext.go.jp/b_menu/shingi/chukyo/chukyo4/houkoku/__icsFiles/afieldfile/2016/04/01/1369248_01_1.pdf

(30)　私立学校法の改正について
　　https://www.mext.go.jp/content/1422184_01.pdf

第2章　会計情報の役割と活用

　営利企業の産み出す製品やサービス（アウトプット）は、その成果（アウトカムズ）が市場で評価され、成果があがっているアウトプット（顧客の満足度が高く人気のある製品やサービス）は生き残り、成果のあがらないアウトプットは淘汰されます。すなわち、アウトプットでアウトカムズを測ることができます[(1)]。

　しかしながら、公的部門や非営利部門によって提供されるサービスは、社会政策的性質のために、その活動については市場メカニズムが、ほとんど機能しません。そのため、サービスのアウトプットと成果（アウトカムズ）が必ずしも一致しません。しかも多くの場合、成果が定量的な数字では測定できないという問題もあります[(1)]。

　教育サービスについて考えてみると、進級または卒業した学生数等はアウトプットとして識別されますが、学生の習熟度や習得した能力はアウトカムズとして識別されます。後者が教育サービスの目標であり、前者は後者の前提となる要素です。最終的には、教育サービスの有効性は後者の結果をもって判断されなければなりません（コラム1-8）。

コラム1-8

有効性監査の導入によって、教育サービスの**目標**が何であり、**期待される成果**がどのようなものかを、**目的意識的に明らかにする**ことが制度的に要請された。

　この問題への対応策として、公的部門や非営利部門の業績監査（performance audit）に、経済性、効率性および有効性という三観点から実施される3E監査（検査）が導入されました[(1)]。3E監査では、営利企業において総合的に把握された内容を個別の要素に分解して、各要素（相互関係に一定の注意は払いつつ）について、固有の分析的な監査を行います。これによって、サービスのアウトプットとアウトカムズ（成果）を分離して認

表 1-7　政府部門の業績監査における三つの E

三つの E	評価の視点
経済性（economy）	最小の資源で適切な量と質のアウトプットを得る。
効率性（efficiency）	投入された資源から最大のアウトプットを得る。
有効性（effectiveness）	活動から得られるアウトプットによって期待される成果を達成する。

The International Organization of Supreme Audit Institutions（INTOSAI）ISSAI 300-Fundamental Principles of Performance Auditing を参考に筆者が作成

識・評価することが可能となりました。公的部門や非営利部門に属する大学の「成果」をどのように評価するのか。この根本的な課題を考える際に、政府部門の業績監査における三つの E が参考になります（表 1-7）。

　ヒトやモノ、無形のサービスを含めて、組織が目標達成のために消費した資源を金額で表したものが「コスト」あるいは「費用」です。経済性は「成果／コスト」の成果を固定した時にコストが最小になっているかを見ており、効率性は逆にコスト（分母）が所与である（予算配分などで固定されている）時に成果が考えうる最大のものになっているかをチェックしています。有効性は、期待されていた成果が達成されたかどうかをチェックする視点ですが、達成のために無制限にコストをかけることはできません。したがって、かならず経済性、効率性とセットで評価する必要があります。

　大学の 3E を評価し、継続的な業務改善や将来の成果獲得に向けた投資の判断に活用することが可能です。しかし現実には、経済性と効率性を過去の経験値にもとづく予算で固定して、有効性（目標・計画に対する実績）に重点をおいた評価が行われる傾向にあります。成果達成に必要なコストを負担するためには、安定した財務的基盤、新規の資金獲得能力、適切なコスト管理という大学の財務的な体力や日々の財務活動の巧拙が問われます。さらに、大学としての使命達成に向けて、教育、研究、社会貢献等の活動を継続できることを外部の利害関係者に伝えていくことも不可欠です。

　会計は、成果をコスト対比にすることで、3E 三面からの評価を可能にし、経済性、効率性を追求する内部努力を支援する有力な情報を提供します。大学における諸活動の持続可能性や成果を、直接の受益者（学生や保護者、受託・共同研究先など）および社会一般に伝える上でも、会計は役割を担うこ

とになります。

　本章では、会計情報の重要性について、利害関係者に伝えるべき情報を財務会計の枠組で整理（第1節）し、内部での情報活用として管理会計の視点（第2節）を論じ、貨幣価値評価が難しい成果情報と会計情報のリンク（第3節）について、あるべき方向性と課題を提起します。

第1節　財務会計―利害関係者の意思決定に役立つ情報の提供―

　財務会計は、外部に報告するための会計であり、企業の場合には多様な利害関係者が想定されます（表1-8）。株主や債権者など企業に資金を提供してくれる主体に対して、業績や財政状態、資金繰りなどの情報を正確に知らせる必要があるため、財務会計には法規制があります。日本では、会社法と金融商品取引法が直接の規制を定めており、会社法に定める計算書類（財務諸表）をもとに課税所得が計算されるため法人税法も財務会計に影響をもっています。この三つの法律により制度化されている日本企業の財務会計（制度会計）は「トライアングル体制」とよばれます。さらに詳しい会計処理や財務諸表の仕様は、財務諸表等の用語、様式及び作成方法に関する規則[2]（内閣府令）、企業会計原則[3]（旧大蔵省企業会計審議会）および企業会計基準[4]

表 1-8　企業の利害関係者と財務報告の利用目的

利害関係者	利　用　目　的
投資家	個別企業の価値評価。有価証券のリスクとリターンの評価。
株主	会計数値により経営者をモニタリングし意見表明。
融資機関	融資返済能力の評価と融資後の債権管理。
同業他社	ライバル企業や業界平均の財務的特性とのベンチマーク。
取引業者	材料や製品・商品等の供給の安定性評価。売上債権の管理。
顧客	製品・商品等の供給の安定性、企業としての信頼性の評価。
経営者	計画・予算に対する達成度評価。財務状況の評価にもとづく投資や業務上の意思決定。株主、投資家、融資機関などへの適切な情報の提供。
従業員	財務状況の評価にもとづく投資や業務上の意思決定。給与や賞与による付加価値の分配可能額の評価（交渉材料）。

桜井久勝・須田一幸（2019）『財務会計・入門 第12版補訂』有斐閣を参考に筆者が作成

（2001 年以降、企業会計基準委員会が設定主体）等で定められています⁽⁵⁾。

大学における情報開示と法規制

　財務会計は大学にもあり、決算財務諸表にもとづいて一会計年度の財務活動とその結果を報告します。正確かつ比較可能な形で利害関係者に情報を伝えなければならない点も共通しており、そのための法規制と会計基準があります（表 1-9）。

表 1-9　大学の財務会計に関する法規制と会計基準

法　人	法規制・会計基準
国立大学法人	国立大学法人法（独立行政法人通則法準用）、同施行規則 国立大学法人会計基準（上記施行規則第 13 条第 3 項）
公立大学法人	地方独立行政法人法、同施行規則 地方独立行政法人会計基準（上記施行規則第 3 条第 3 項）
学校法人	私立学校法、同施行規則 学校法人会計基準（上記施行規則第 4 条の 4 第 1 項）

　強調すべきことは、大学の財務会計に関する法規制や基準は、企業会計やその他の非営利法人会計の動向から独立したものではなく、同軌を図ろうとしている点です。たとえば、国立大学法人と公立大学法人は、各法人の会計基準を優先するものの、そこに定めのないものについては、企業会計基準に従うように各法人法施行規則に規定されています。私立大学についても、私立学校法施行令において学校法人会計基準を唯一の依るべき基準と定めていますが、他の非営利法人会計（公益法人会計、社会福祉法人会計など）の新設・改正にともない、2015 年に大きく改正されました。さらに、企業会計も国際財務報告基準（IFRS）の動向を注視しており、会計処理をできるだけ共通化するよう継続的に改訂が加えられています。すなわち、大学以外の幅広い主体の会計（とくに企業会計やその他の非営利法人会計）において利害関係者への提供情報を充実させるための変更が加えられた際には、大学の財務会計にも影響が及び、利害関係者（表 1-10）に伝える情報（あるいは情報の伝え方）も変わることに注意が必要です。

　企業の情報開示では、金融商品取引法により株主や投資家が投資の意思決定をする際に有用な情報の提供が求められ、会社法により融資機関をはじめとした債権者を保護する仕組みが作られるなど、資金提供者に対する保護に

表1-10　大学の利害関係と財務報告の利用目的

利害関係者	利　用　目　的
サービス利用者①	学生・保護者、同窓会・卒業生など。大学経営の安定性や受益者負担としての学生納付金の適正さの評価。
サービス利用者②	企業、官民の研究機関、地方公共団体など。共同・受託研究、共同・受託事業、学術的知見の利用等に際して、大学経営の安定性や資金拠出能力、大学の社会的信頼性を評価。
公的資金・制度の提供機関	中央政府、地方公共団体、大学や在学生に対して公的資金を提供する政府関係機関など。交付金や補助金、修学支援制度等の利用に際して、資金・制度を適正に運用・使用する能力を評価。
寄附者	大学の財務的安定性と寄附資産運用・使用の適正さを評価。
投資家・融資機関	金融機関、財政投融資、債券投資者など。大学の財務運営状況、とくに債務の返済能力の評価。
外部評価・監督機関	国公立大学の設置者（文部科学大臣、地方公共団体の長など）、国公立大学法人の評価委員会、日本私立学校振興・共済事業団、認証評価機関、会計検査院、議会（国会、地方議会等）など。会計数値により大学の経営状況を評価し、必要に応じて勧告、介入する。
他大学	ライバル大学や大学平均の財務的特性とのベンチマーク。財務的な動きから個別大学の戦略等を探る。
取引業者	製品、商品、サービス等の取引に関する売上債権の管理。
大学経営者・内部統制機関	法人の長、理事、経営評議会委員、評議員、監事など。財務状況の評価にもとづく投資や業務上の意思決定と外部への適切な情報の提供。または、それらに対する事前・事後のチェックと意見表明。
大学教職員	財務状況の評価にもとづく業務上の意思決定。給与や賞与による付加価値の分配可能額の評価。
国民・地域住民・納税者	大学のもたらす社会的便益（外部経済）に照らした、公的資金の適正使用に関するチェック。　※パブリック・アカウンタビリティ

《注》(6)～(10) を参考に筆者が作成

焦点があります。それに対して、大学は、企業と比較して情報利用者と開示目的の焦点が絞られておらず、幅広く想定された利害関係者に対する報告が求められます。この状況は、少数の株式会社立営利大学を除けば、大学が「公的」あるいは「民間」の「非営利組織」であることに理由があります。

非営利組織としての大学の会計処理の特性

　「営利」という概念は、(1)対外的な活動によって組織自身が利益を得ることを目的としていること、および(2)組織が得た利益を所有者である株主等に分配することが法学上の定説となっています。よって、「利益がどれだけ上

がっているのか」と「その利益をどの程度株主に分配できるのか」を計測し、報告することが企業の財務会計の焦点です。極論ですが、その他の視点は組織本来の報告目的に照らせば「付随事項」と言えます。

　「非営利」の概念は上記の逆になります。大学の「非営利組織」としての特性は、**コラム 1-9** のようにまとめられます[11]。②と③は、「営利に関する法学上の定説」の反対概念です。①は少々分かりにくいかもしれません。企業は、生産・仕入、販売する財・サービスの品質と価格について市場で競争し、顧客に購入してもらうことによって、収益（売上）を獲得します。大学にも、教育サービスに対する学納金や特許化した研究成果に対するライセンス料収入など、対価の性質をもつ収益があります。しかし、公的補助金[12]や寄附金などは、政府や寄附者などの資金提供者に直接何かを提供して受け取った対価ではありません。

コラム 1-9

大学の「非営利組織」としての特性
① 　提供する**財・サービスの対価以外の収益**が重要な財源となっている。
② 　財務会計上の**利益を得ること自体を目的としない**。
③ 　利益を得ても**構成員で分配するような持分概念は存在しない**。

　このように、大学に対して直接の反対給付（財・サービスの提供）を求めない収益は「非交換取引収益」とよばれます。そして、国公私立大学における、一般補助金等［代表的なものは、運営費交付金（国立大学、公立大学）および私学助成金（私立大学）］や寄附金等が、大学の年間収益に占める割合[13]を確認します（**表 1-11**）。

表 1-11　大学における代表的な非交換取引収益が経常収益に占める割合

法　　人	一般補助金等	寄附金等
国立大学法人	50.7%	3.6%
公立大学（法人）	59.6%	―
私立大学（学校法人）	9.6%	1.4%

《注》(15) ～ (17) を参考に筆者が作成

　国立大学法人と公立大学（法人）では、年間の経常的な収益（収入）の5割超が税等を財源とした公的補助金となっており、私立大学でも約1割を占めています[14]。こうした対価性のない政府の財政支出が大きな割合を占める理由は、大学の産み出す成果が直接の受益者（教育を受けて知識や技術を身につける学生や学術研究の知見を共同・受託研究などを通して排他的に享受する企業など）を超えて社会一般に流出（スピルオーバー）することによります。すなわち、有為な人材の蓄積や科学技術研究の成果が、社会全体の安定と生産性向上に寄与する、いわゆる「外部経済」を大学は産み出しているわけです（コラム1-10）。そして、外部性まで考慮に入れた大学の「役立ち」（社会的厚生）を最大化するには、大学が供給する教育、研究、社会貢献などの機能が過少にならないように、政府が財政支出で財源を補塡することが正当化されます。

> **コラム 1-10**
>
> 大学は、有為な人材の蓄積や科学技術研究の成果によって、**社会全体の安定と生産性向上に寄与し、経済の発展に貢献**している。

損益計算書

　企業の業績は損益計算書上の「利益」という収益とコスト（費用）の差額を計算すれば金銭価値として計算されます。そして、最終利益（当期純利益）は、前期からの繰越利益剰余金とあわせて処分（株主への配当としての分配や任意積立金処理など）を決定することができます。これに対して、国・公立大学法人も同名の「損益計算書」を作成しており、学校法人も損益計算書と同様に収益・費用差額を計算する事業活動収支計算書で最終利益にあたるものを計算します（図1-2）。ここで計算されている大学の最終利益は、企業と異なり「業績」を示すものではありません。

　国・公立大学法人の主要財源である運営費交付金は、国や地方公共団体から大学が受け取った時点ですぐには収益になりません。大学が必要な資源を消費した時点で同額が収益として損益計算書に計上されます[19]。この処理は、使途の指定されている寄附金についても同様です。また、運営費交付金

図 1-2　損益計算書の計算構造の比較 [18]

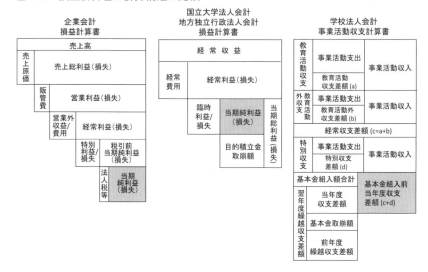

の発想は、大学が必要とする年間費用に対して、学生納付金などの収益では不足する分を補塡することにあります。つまり、原理的には、補塡した公的財源も使い切って最終利益はゼロになるように国・公立大学法人の損益計算書は設計されています。学校法人は「基本金組入前当年度収支差額」が最終利益となります。しかし、学校法人のような民間非営利組織が公的な補助金を含めた収益を得て、この金額の最大化を目的にするとすれば、公的資金を受け取ることや法人税等の支払いを免除されていることを正当化できなくなります。

　損益計算書またはそれに類似した計算書を作成し、利益という金銭価値で業績を報告することが大学の場合には困難です。したがって、大学の業績は、「成果を金額のみならず物量や業務量、社会への影響度（経済学的な社会的厚生の増加）などで測り、最大の成果を最少の資源消費で達成できているか」で示すことが必要となります。これがまさにこの章の冒頭で紹介した3E監査であり、会計は、必要となる情報のうち「資源消費」（コスト）の情報を提供する役目を果たします。

貸借対照表

　もう一つの主要財務諸表である貸借対照表について説明します。貸借対照表は年度末一時点における報告主体（企業・大学）の財政状態を表します（図1-3）。右側（貸方）に、他者からの借りた資金（負債）および（企業であれば）株主から出資を受けた資金（資本金・資本剰余金）や利益の蓄積（利益剰余金）などが掲載されます。すなわち、資金をどのように調達したかが右側に示されます（資金の調達源泉）。それに対して左側には、その資金が、どのような状態になっているのか（資金のまま残っているのか、物を買ったのか、他者に貸して債権となったのか等）を示します（資産）。すなわち、調達した資金が、どのように運用されているかを左側（借方）に記載します（資金の運用形態）。

　全体構成は、大学も企業とほぼ共通していますが、図1-3の網掛け箇所を中心に、以下のような相違点があります。国・公立大学法人については、純資産を構成する科目の名称が、企業とほぼ同じであり、類似性は高いように見えます。しかし、資本金と資本剰余金は、法人化時に設置者から受けた土地や建物等の現物出資と法人化後に施設整備費補助金等の形で設置者から提供された資金で購入・整備された固定資産等の残高が反映されます[21]。資本金・資本剰余金として整理された償却資産の減価償却費は、損益計算書には計上されず、資本剰余金から差し引かれます。すなわち、出資分の償却

図1-3　貸借対照表の計算構造の比較[20]

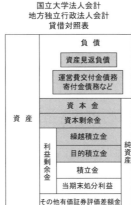

資産の減価償却費については、それに見合った収益を法人の責任で稼いでカバーする必要はありません。「資本金＋資本剰余金」を国・公立大学法人が「業務を継続するために最低限維持しなければならない経営資源」として設置者から受け取った固定資産と解釈すると、設置者の責任で最低でも減価償却費分は法人に固定資産の整備財源を補填し、「資本金＋資本剰余金」の残高は維持されるべきと考えられます。

　業務達成基準や費用進行基準で収益となる運営費交付金のうち、年度末現在で収益化の条件を満たしていない残高[22]、あるいは使途指定のある寄附金の未使用残高などは、自由には使用できない「拘束性」のある資金として負債に計上されます（運営費交付金債務、寄附金債務等）。運営費交付金や寄附金などで償却資産を購入した場合、財源となった運営費交付金や寄附金などは、まず資産見返負債として負債に計上され、購入した資産の減価償却費と同額が収益化されます（資産見返負債戻入収益）。

　利益剰余金については、企業会計と同じく損益計算書の最終損益の蓄積となります。しかし、国・公立大学法人の損益計算書は、最終損益がゼロとなるように設計されていますので、大学の経営努力の結果として設置者が認定した範囲で目的積立金（中期目標期間を超えて繰り越した場合は、前中期目標期間繰越積立金）として取り置かれ、中期計画に定められた事業の財源として使用が可能になります。持分概念はありませんので、企業会計における「株主資本」に該当するものはありません。

　学校法人については、表 1-12 にある 4 種類の「拘束性」のある基本金を最終利益（基本金組入前当年度収支差額）から組み入れて、純資産を法人自体

表 1-12　学校法人の四つの基本金とその概要

基本金	概　　要
第 1 号	設立当初に取得した固定資産で教育の用に供されるもの、および学校の規模拡大や教育の充実のために取得した資産。
第 2 号	将来の固定資産取得用資金に対応する基本金。事前に計画表に定めた計画に基づいて組入を行う。計画に基づいた引当資産を特定資産に振り替える。
第 3 号	継続的に保持し運用する基本金（奨学資金財源等）。第 2 号と同様に計画表に定めた目的で保持し、引当資産は特定資産に振り替える。
第 4 号	恒常的に保持すべき資金（文部科学大臣の定める額）[23]。

が形成していくという特殊な処理がなされています。国・公立大学法人と比較すると、第1号は「資本金＋資本剰余金」に類似していますが、第2〜4号は「寄附金債務」や「利益剰余金の一部」にあたるものの、明確に対応する科目はありません。一定の目的のために積み立てている「拘束性」のある資産を「特定資産」とするのも特徴です。純資産との対応については、第2号、第3号基本金に対応する資産は、特定資産として計上されます。

　以上、大学の貸借対照表は、公的部門や民間非営利部門に属していることによる特徴があり、そこから得られる情報の解釈は企業会計と異なったものになります。

利害関係者にとっての大学の財務諸表の利用価値

　業績自体を表現していない大学の財務諸表は、利害関係者にとって、以下のような「読み方」や「利用価値」があります[11]。

　大学に対する資金提供者が求める情報として、「受託責任に関する情報」があります。日本の大学の実情として、公的資金や寄附金等を継続的に提供してもらわなければ、教育・研究等の活動を一定以上のレベルで継続することはできません。大学は、利益で業績を示すことができないため、「預託された資源を安全かつ確実に保持・運用していること」を示すとともに、「経済的、効率的かつ有効性をもって使用していること」を政府機関や寄附者に報告する必要があります。前者については、拘束性のある資金が定められた使途や期間に使用されていることを説明する必要があります。そのため、貸借対照表で資金の残高がわかるように示し、使用された際にも損益計算書上で開示する工夫がなされています。後者については、損益計算書上で資源の消費量は開示されますが、成果情報は非財務的な情報になります。

　「財務的生存力（financial viability）」とよばれる大学の持続可能性の評価に財務諸表は使用できます。具体的には、「教育・研究等の活動を継続する能力」をさしており、「流動性（短期的な支払い義務に対して拘束性のない手元資金をどの程度有しているか）」と「純資産の量と性質の変化に関する測定」により評価されます。後者に関しては、持分概念のない大学にとって、純資産は「大学の活動を維持していくために保持すべき資源」と解釈されます。たとえば、損益計算書で最終損失を出すことにより「純資産の量」を減少さ

せるような結果は「財務的生存力」の低下と評価できます。日本の国・公立大学法人において、設置者により必要な施設整備等の財源が措置されず、「資本金＋資本剰余金」が維持されない事態も「財務的生存力」の低下と解釈できるでしょう。「純資産の性質」については、拘束性がないか、あったとしても将来に向けて戦略的に積み立てた部分が多いほど、「財務的生存力」は高いと評価できます。

　政府機関が公的な制度の利用条件として、大学に財務的な要件を課すことがあります。具体例として、民間非営利大学に対するアメリカ合衆国および日本の修学支援制度に関する利用条件を表 1-13 に紹介します。

表 1-13　民間非営利大学が修学支援制度を利用するための財務的要件

制　　度	制度利用のための財務的要件
アメリカ合衆国 高等教育法第 4 章にもとづく 高等教育修学支援制度	以下 3 つの指標を合計したスコアで判断： ①基盤準備金比率＝取崩可能な純資産 ÷ 総費用 ②純資産比率[24]＝純資産 ÷ 総資産 ③損益比率＝寄附者非拘束純資産変動 ÷ 収益総額
日本（2020 年度開始） 高等教育修学支援制度	①外部負債≦運用資産（流動性のある資産の合計） ②経常収支差額が 3 年連続マイナスではない

情報開示要求と果たすべきアカウンタビリティ

　「アカウンタビリティ」という言葉は、「説明責任」と広義に日本語訳され、頻繁に使用されています。しかしながら、企業会計においては、「株主（委託者）から企業（経営資源）を預かった経営者（受託者）が 1 年間の受託行為とその結果を株主総会で報告し、株主（委託者）にその内容を認めてもらうこと（決算承認）により、責任を解除してもらう。」という一連の手続きを意味しています[25]。会計上の狭義のアカウンタビリティとは、資源の委託者に対する受託責任であり、必ず最後に責任の解除手続きを伴います。

　大学の多様な利害関係者（表 1-10）のうち、大学の所有者といえる「設置者」が経営状況を評価・監督するのは、企業において株主が経営者の行動と成果を監視するのと似ていないこともありません。国立大学法人は文部科学大臣に、公立大学法人は設立団体の長に、それぞれ財務諸表等を提出し承認を受けることが求められます[26]。大学の特性を踏まえつつ、設置者を支援するために専門的な評価を行う評価委員会が設置されていることも重要で

す。学校法人については、経常費補助金を受け取る場合には、財務諸表等の所轄庁への提出が求められますが、承認手続きはとくに定められていません[27]。

　国・公立大学法人に関しては、企業のアカウンタビリティに近いものを想定することができます。しかし、設置者の関心は、株主のように「大学が達成する金銭的な利益とその分配」ではなく、「預けた大学が税等を財源とした補助金を適切に使いながら運営され、社会に役立つ形で存立しているか？」の点検です。私立大学については、アカウンタビリティとその解除手続きが明確ではありませんが、主務官庁への財務諸表等の提出義務が、上記と同じ目的と言えるでしょう。

　このような設置者や補助金拠出者の関心が、大学の利害関係者の多様性に結びついています。設置者や補助金拠出者自身も、税等を財源として議会で議決された予算にもとづき、「高等教育の提供」を受託している立場ですから、アカウンタビリティが、設置者と大学との間だけでは完結しません。図1-4のように、垂直方向には納税者である国民や地域住民まで遡ることになり、受託や共同での研究・事業のパートナー、監査法人、監事等の監視者が水平方向に存在します（線の太さは直接の影響力の強さを表しています）。

図 1-4　国・公立大学法人の利害関係者とアカウンタビリティ[28]

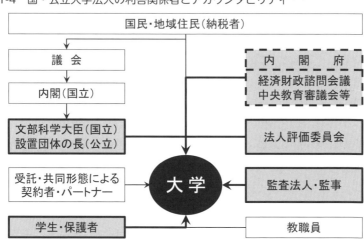

　利害関係者の影響力には強弱がありますが、国民や地域住民といった不特定多数まで遡って広く報告を行う責任を「パブリック・アカウンタビリティ」とよびます。公的資金が投入されている以上、国・公立大学だけでなく、私立大学も含めたすべての大学がパブリック・アカウンタビリティを負っています [(29)]。資源の拠出者（納税者）に対して、受け取った資源の使途やその経済的、効率的かつ有効な使用を説明することは当然ですが、この責任には解除手続きがありません。多様な情報ニーズに対して、どこまで開示情報を用意するべきなのかを判断する基準がない点も課題です。

　国立大学法人に向けられた情報開示要求（2018 ～ 19 年）は、政府の審議会等から求められたものがほとんどですが、多様です（表 1-14）。具体的には、部局ごとの資源配分（内部予算）、教育・研究コストとその成果の対応などに関する情報開示が主になっており、財務諸表等で開示されている法人単位よりも細分化された会計情報や冒頭で紹介した 3E の報告（p.20）を求めています。また、利害関係者（ステークホルダー）に対する「見える化」や「可視化」という言葉が前面にでている点も特徴的です。

　しかし、大学は幅広い利害関係者が求めるすべての要求に応えなければならないのでしょうか。この問いかけに対して、公的部門のアカウンタビリティの課題を整理した Patton の論文 [(30)] を参考に、情報開示にあたり留意すべき点をまとめます。大学（報告主体）と利害関係者（被報告主体）の関係については、利害関係者の「知る権利」を慎重に扱うことが必要です。図 1-4 において、太線で関係づけられている強い影響力をもつ主体からの要求を個別大学の一存で拒否するのは困難です。しかし、利害関係者の「興味・関心に応える」あるいは「有益な情報だから」というだけでは、情報開示の十分な理由にはなりえないとしています。たとえば、表 1-14 にあるような教育・研究のコスト情報の活用や「見える化」「可視化」というキーワードについても、本来は、外部への発信に先立って、大学内部で管理会計的な取組（p.35）として役に立てることが重要です。このような情報について、計算手順などの基準を統一せずに開示した場合 [(31)]、大学ごとに計算方法の異なる数値を比較して利害関係者の誤解を招いたり、大学の競争力にかかわる内部情報が公になることで、大学が不利益を被るといった事態も想定されま

表 1-14　国立大学法人に対する主な情報開示要求（2018 ～ 19 年）

発信元	要求内容
経済財政諮問会議・内閣府（2018 年 6 月）	『経済財政運営と改革の基本方針 2018』 ・運営費交付金等について、PDCA の確立、学内配分や使途等の「見える化」、戦略的な配分割合の増加
統合イノベーション戦略推進会議・内閣府（2019 年 6 月）	『統合イノベーション戦略 2019』 ・外部ステークホルダーとの関係で経営の可視化 ・戦略的な経営資源の配分を可能とする組織への変革方策 ・部局ごとの教育研究の費用及び成果の把握と可視化 ・外部資金獲得のためのマネジメント ・教育研究や学問分野ごとの特性を反映した客観・共通指標および評価
中央教育審議会・文部科学省（2018 年 11 月）	『2040 年に向けた高等教育のグランドデザイン』 ・国公私別・大学別のコストを明らかにする ・どれだけの教育コストをかけて学生に対する教育をしているのかを、学生と社会に対して情報を公表していく必要がある ・高等教育全体の社会的・経済的効果を社会に示すような試みを検討
財政制度審議会・財務省（2019 年 6 月）	『令和時代の財政の在り方に関する建議』 ・教育・研究にかかる、共通・定量的な成果指標による相対評価に基づく配分の仕組みを、より実効性のあるものとするため、部局ごとの予算・決算や成果の公表を義務づけ ・教育によって身に付けた知識や技術、能力、また、教育後の進路にかかる客観的かつ比較可能な指標を加え、当該評価に基づく配分の対象割合および増減率を抜本的に拡大することにより、教育・研究の質の向上を促す

文部科学省（2019）国立大学会計基準等の改訂について
https://www.mext.go.jp/content/20200214-mxt_hojinka-000004809_02.pdf

す（コラム 1-11）。

　アカウンタビリティの「コスト対効果」について、Patton[30] は、Weissman[32] を参照しながら、次のように指摘をしています。アカウンタビリティと組織のパフォーマンスの関係については、利害関係者に情報を発

コラム 1-11

情報の外部発信にあたっては、**利害関係者が求めている情報を的確に把握**した上で、必要な情報を開示すべきである。

信すればするほど、パフォーマンスの伸びは鈍るとしています。その理由については、外部への発信情報を用意するために内部の経営資源を消費してしまうというトレードオフを指摘しています。大学であれば、教育、研究、社会貢献などにあてるべき教職員の時間・労力あるいは資金などが報告業務に費やされて削減されてしまうことが考えられます。報告を受ける側（利害関係者）の要求が厳しくなるほど、報告主体（大学）との関係が悪くなり、報告主体は報告を受ける側が求めているパフォーマンスをベストな形で達成しようとしなくなる（期待される最低限のパフォーマンスをクリアすることが目的化する。）という別の理由も想定されます[33]。利害関係者の立場からは「過剰な要求にならないような制度設計」に配慮することが必要であり、大学には「教育、研究、社会貢献などの基幹業務に支障がでるような事態を避けるための交渉と内部努力」が求められます。

第2節　管理会計―大学の内部の意思決定に役立つ情報の提供―

　第1節では、外部（利害関係者）に対する「報告」としての大学財務会計について議論しました。第一義的には、大学のマネジメント力を強化し、利害関係者の期待に応えることが求められます。この節では、大学内部の業務改善や成果の質向上、将来の方針に関する意思決定、あるいは内外の交渉に役立つ管理会計を説明します。

管理会計の手法と適用

　管理会計は、組織の経営に役立つ取組であればすべて対象にします。企業を中心とした営利部門の実務上の必要性から、新たな領域が常に開拓されています。管理会計には、財務会計のような法規制等で定められた制度は存在しませんが、その守備範囲は三分野に区分されます（表1-15）。

　大学に企業の管理会計を適用する場合、①については、コストを固定費と変動費にわけて分析する視点は役立ちますが、損益のみで業績管理を行うことができないため、非財務情報を含めた業績を把握するツールが必要になります。②については、大学においても業務プロセスを整理し、各プロセスにかかるコストを把握・分析することにより、経済性や効率化を向上させるこ

表 1-15　企業における管理会計の守備範囲

分　野	内　　容
①損益分析と業績管理	損益分岐点分析、付加価値分析、予算・実績差異分析など
②コスト管理	原価計算（標準原価計算、活動基準原価計算など）、原価企画など
③意思決定	価格設定、予算（利益計画）、投資意思決定など

西山茂（2009）『戦略管理会計 改訂第 2 版』ダイヤモンド社を参考に筆者が作成

とができます。この分析は、1 回限りで終わるものではなく、不断の取組が必要であり、学内の意識改革も不可欠です。ちなみに、報告を求められる細分化されたコスト情報（表 1-14）は、本来であれば外部への報告だけではなく、内部の自発的努力で活用すべきものです。③については、大学にとっても重要な分野ですが、予算が「利益計画」ではなく、官庁予算的な「資源配分」型の予算であることを念頭に入れておく必要があります。①の業績と資源配分とを連動させて、業績向上に向けたインセンティブを教職員に与えることが理想的です。しかしながら、業績情報は金銭価値で計測できず、技術的な困難さが伴います。

　大学が活用可能な管理会計の手法について、代表的なものを解説します。公的組織に活用できる管理会計を中心とした手法[34]は、利益獲得を目的としない公的部門あるいは民間非営利部門に属する大学にとっても利用価値がありますので、以下（a ～ c）に紹介します。

　a. プロセス分析（工程分析）：製造業の生産工程における作業の流れを分析するもので、(1)工程の流れを整理し、(2)無駄や停滞が起こっている箇所を特定して、(3)手順の再検討や無駄な手順の除外を通して、工程を改善するものです。人や設備の動作やその所要時間と稼働状況（所要時間中に待ち時間や不必要な作業時間がないか）などを分析し、一工程の標準時間を継続的に短縮するイメージです。

　大学における適用対象については、教育や研究の進行を支える事務処理プロセス[35]や大学組織の運営にかかる諸業務等が想定できます。下記の b、c が実施される場合には、プロセス分析も密接に関連します。後ほど紹介する国立大学法人における ABC のパイロット・プロジェクトについても、そ

の成果の大部分はプロセス分析にもとづく業務改善提案となっています。

b. 標準原価計算：製造業において、科学的・統計的な分析調査に基づいて、能率を評価する基準となる標準原価を設定し、実際の生産量に基づく標準原価と実際原価を比較する方法です。この手法で最も重要なことは、実際原価が標準原価と異なる場合にその差異を分析し、原因をつきとめ、是正措置をとるサイクルを確立することです（図1-5）。標準原価の設定にあたっては、製品の累積生産量が増加するとともに、(1)規模の経済、(2)技術進歩、(3)実践による学習などの影響で、経験曲線に沿って原価が低減することを組み入れておく必要があります。プロセス分析でふれた「一工程の標準時間」も、作業の無駄を省く改善活動とともに、作業に対する習熟度の向上により減少します。

大学においても、プロセス分析の対象と考えられる諸業務については、標準的な消耗品の消費量や教職員の所要時間（標準時間）に基づく標準原価と実際原価を比較して原価管理を行うことが可能です。たとえば、人事ローテーションは、教職員の学習曲線（組織の経験曲線の構成要素である「学習の影響」による業務所要時間（＝業務処理コスト）の減少）がフラットに近くなるまで経験値を上げることによって、組織全体の生産性向上に結びつけることが期待できます。

c. ABC と ABM：ABC および ABM は、それぞれ活動基準原価計算（Activity Based Costing）と活動基準管理（Activity Based Management）の略称です。ABC は、製造業において製造間接費［各製品別に直接位置づけることが難しい人件費（間接労務費）、共通で使用している材料費（間接材

図1-5　標準原価計算による原価管理の PDCA サイクル [(34)]

料費）や設備の減価償却費、保守費など（間接経費）〕を各製品に細かく位置づけて（「配賦」と言います。）、製品別の原価をより正しく把握する手法として開発され、発展しました。従来の原価計算では、製造間接費を部門別にまとめて製造時間の割合などで製品に配賦する方法がとられていました。しかし、ABC では、製造間接費を活動別の資源消費量（リソース・ドライバー）で各活動に配賦した上で、製品別に各活動の利用量（アクティビティ・ドライバー）で各製品に配賦する細かい計算を行います。

　文章だけではわかりにくいため、間接労務費のみをとりあげて、従来の原価計算との違いを例示します（図1-6）。図中の製品 A が既製品、製品 B が特注品と仮定します。従来の原価計算では、大まかに製造時間で間接労務費を配賦してしまうため、特注品が製造に至るまでの技術的検討や設計段階での手間が反映されず、原価が過小評価されています。このように原価を精密に計算することで、各製品の採算性を正確に把握し、市場での競争力の評価や利益計画などに役立てることができます。

　この手法が非製造業や公的部門にまで採用されるに至った理由は、原価計算の精緻化よりも、間接費の管理手法として活用できる点に魅力があったからです。従来からブラックボックスになっていた間接費を「活動」に分解

図 1-6　従来の原価計算と ABC による間接労務費の配賦の比較 [36]

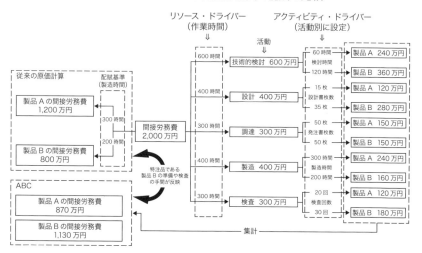

し、「各活動の資源消費量」（リソース・ドライバー）と「各製品の活動消費量」（アクティビティ・ドライバー）を可視化して分析することが可能になりました。これによって、製造業の生産工程、あるいは公的部門の事務処理や非製造業の業務プロセスにおいて、重複や無駄を発見して活動時間の削減等に結びつけ、資源の使用量も削減するというコスト管理手法が産まれました⁽³⁷⁾。これが「ABM」とよばれています。

　日本の国立大学法人においても、法人運営業務や教育研究支援業務の一部（表1-16）にABCを適用して、コスト分析を試行した例があります。内容的には、コスト計算の精緻化よりも業務プロセスの見直しを目的にしており、ABMに近い内容となっています。

表1-16　国立大学法人におけるABC導入試行対象業務

年　度	対象業務	参加大学数	年　度	対象業務	参加大学数
2005年度	契約業務	9法人	2007年度	出納業務	6法人
	旅費業務	7法人		監査業務	3法人
2006年度	給与業務	5法人	2008年度	図書館業務	5法人
	資産管理業務	6法人		財務関係業務	3法人

文部科学省大臣官房会計課（2008）『財務マネジメントに関する調査研究事業　中間報告書』アビームコンサルティング株式会社（2009）『財務マネジメントに関する調査研究報告書』

　ABCでは、活動時間調査などを不断に行い「資源消費量」や「活動消費量」を測定する必要があり、作業負荷が大きい点が問題になっています。これに対して、ABMでは、一定期間ごとに集中的に行うことが可能ですので、たとえば、国立大学法人の中期目標期間6年間に1回程度、対象の業務を絞って実施する使い方も考えられます。

　上記のa～cのほかに、「バランスト・スコアカード（Balanced Scorecard：BSC）」が、公的組織で導入可能なツールとして紹介されています⁽³⁴⁾。BSCは、管理会計における重要なツールですが、内容的に財務情報と非財務情報、定量的な情報と定性的な情報を統合・整理する手法ですので、第3節で解説します。

内部予算制度としての管理会計

　以上では、表1-15の②にある「コスト管理」について、大学での適用可

表 1-17　内部予算配分手法の類型

手　法	概　要
①増分方式	各部局の前年度予算を基準として増減率を乗じて配分額を決定。
②業績方式	各部局の業務実績にもとづいて前年度予算を増減して配分額を決定。
③算定式方式	学生数、教員数、授業数、論文数などを変数とした算定式で配分額を決定。
④重点方式	各部局の活動のうち大学が戦略的に重視するものに重点的に配分。

《注》（38）を参考に筆者が作成

能性を検討しました。ここでは、③にある大学の意思決定のうち予算制度を議論します。大学の予算は、企業のような「利益計画」ではなく、官庁会計と同じ支出予算の配分システムとなっています。経営の観点から、そこにどのような工夫を加えることができるのかについて考察します。

　国立大学財務・経営センター[38]によれば、学内の予算配分は、「a．戦略適合性」「b．安定・公正・透明性・予測可能性」「c．ニーズ適合性」を要件としており、手法については、**表 1-17** のようにまとめることができます。

　手続きの簡略さや安定性の観点から、①を主軸にして、業績に対するインセンティブとしての②、透明性や予測可能性あるいはニーズ適合性の観点から③、戦略適合性の観点から④を部分的に混合させることが想定されます。2020 年 4 月現在、とくに注目すべきは、政府が大学への公的資金の配分にあたり、成果に基づく部分を増加させていることです。国立大学法人では、運営費交付金の配分にあたり三つの重点支援分野における戦略の達成状況評価と客観・共通指標の実績に基づく配分が始まっており、学内予算でも運営費交付金配分額への貢献を促すように④の重点化や②のインセンティブが組み込まれることは想像に難くありません。私立大学でも、私立大学等改革総合支援事業のタイプ別評価点を上げるために、学内予算においても④の重点化や②のインセンティブの部分を強化することが考えられます。すなわち、大枠の配分モデルは混合型であり、公的資金の配分方法の変化も反映して①〜④の比重が変わります。

　主軸となる増分方式が長く続くと、当初の配分根拠が古くなり、妥当性が見いだせなくなる可能性もあります。その場合には、根本からすべて見直すゼロベース予算の適用も考えられ、所要額の算定に透明性と予見性をもたせ

るための算定式方式が採用されることも視野に入ります。ゼロベース予算や算定式方式の採用にあたっては、算定式の係数となる標準的なコスト水準を把握しておく必要があるため、先述のコスト管理手法（表 1-15 の②）の導入が求められます。

　原価計算等を毎年実施することが、実務負荷から考えて妥当かどうか、一定の年数ごとに行うのであればどのくらいのサイクルが望ましいかをあわせて考えておく必要があります。先に ABC・ABM で言及した通り、コストの測定とプロセスの見直しは一定期間ごとにスポットで行うことも実務負荷との兼ね合いから、妥当と言えます。

政府―大学間の交渉材料としての管理会計

　海外では大学間で協力してコストの計測と相互比較を行っている事例があります。たとえば、アメリカ合衆国では、デラウェア大学（University of Delaware）が希望する 4 年制大学でコンソーシアムを組み、Delaware Cost Study という教育コスト調査を行っています[39]。ペンシルバニア州のように州政府の要請で州立大学が義務的に参加していた場合もありますが、自大学の教育コスト水準を自発的に他大学と比較して強みや課題の発見につなげようとしている取組は参考になります[40]。

　イギリスでは、TRAC（Transparency Approach to Costing）とよばれる教育と研究を対象にした活動基準原価計算の統一手法を全大学で採用しており、年次報告書の提出も義務づけられています。研究コストの把握が先行し、旧・研究カウンシル（Research Councils；2020 年 4 月現在の UK Research and Innovation）への研究費申請に使用されましたが、その計算内容には、通常の原価計算には含まれないものまで含めています。具体的には、研究者の時間（エフォート）調査結果を反映し、償却資産に対する減価償却費は保険契約ベースの時価に直し、継続可能な研究を進めるために一定の余裕額を含めるなどの工夫をしています[41]。こうして計算されたコストを単なる原価ではなく、総経済コスト（Full Economic Cost：FEC）と呼んでいます。そして、総経済コストに満たない公的資金しか得られない場合、そうした情報を積極的に発信し、資金獲得のための交渉材料にも使用しています。

　以上のように、政府の賛同を得ながら自発的にコストの相互比較を行う大学間連携の試みと政府から義務化されながらもコスト情報を戦略的に交渉材料として使用する動向は、日本の大学における将来的なコスト情報の活用に示唆を与えています。

管理会計における課題

　最後に、大学における管理会計の課題についてまとめます。日本では、法規制により義務化されている管理会計はありませんので、経営に役立つことはわかっていても、取組がなかなか進まない実態があります。企業のように製品原価がわからないと価格設定や利益計画の作成ができない状況がありませんので、附属病院における疾病分類別原価計算などの特殊な場合以外には浸透していません。海外でもこうした状況は共通してみられます。先ほど紹介したイギリスの TRAC についても、コスト情報を内部活用するようにパイロット・プロジェクトが組まれていましたが、大学間で浸透していく様子はみられません⁽⁴²⁾。管理会計は、学内で有用な経営情報を取得する取組ですので、学外に知られていないだけかもしれませんが、2005 ～ 08 年度に国立大学法人で行われた ABC のパイロット・プロジェクトと共通するものを感じます。表 1-14 で利害関係者から要請されている教育コストと研究コストの開示も、もし本格的に取り組むのであれば、内部の経営努力に資する形で進められることが望まれます。

第３節　財務情報と非財務情報の統合―その必要性と課題―

　本章を締めくくるにあたり、冒頭に提示した 3E による成果の評価に立ち返ります。経済性と効率性を測るには、成果とコストを対照しなければなりませんが、成果は貨幣価値で表すことが難しいため、3E の評価には財務情報と非財務情報の統合が必要です。この節では、最初に企業で取り組まれている財務情報と非財務情報の統合の試みを紹介し、大学で利用できる点と位置づけの相違を確認します。

企業における財務情報と非財務情報の統合

　企業の財務会計の目的は、株主や債権者を主な利害関係者と位置づけて、

業績と分配可能な利益、財政状態などを報告することが第一義となります。ただし、企業も社会的存在ですから、社会一般に対するアカウンタビリティを意識するようになりました。環境に対する配慮や社会貢献の成果を示すことが、企業イメージの向上につながり、ひいては業績にも反映させる意図もあります。このような動きから、制度会計上の財務諸表以外に、さまざまな報告書を発行し、社会へのアピールを図っています。

　たとえば、トリプル・ボトムライン（Triple Bottom Line, TBL）という取組があります。ボトムラインとは、企業の損益計算書の最終行、つまり最終損益をさします。1994年に提唱されたTBLは、損益計算書で表される財務的成果（経済的側面）だけでなく、環境的側面（環境への配慮や地球温暖化ガス排出削減、グリーン調達など）と社会的側面（途上国支援などの社会貢献、社内の良好な雇用環境など）の二つのボトムラインを含めて三つの側面から業績を捉えようとするものです。TBLは、GRI（Global Reporting Initiative）によるCSR［企業の社会的責任（Corporate Social Responsibility）］報告書のガイドラインに採用され、2020年4月現在のサステナビリティ（Sustainability）報告書のガイドラインに引き継がれています。これらの報告書には、ESG［環境・社会・企業統治（Environment, Social, Governance）］報告書や他の名称がつけられているケースもありますが、基本的に目的は同じです。

　日本では、環境配慮促進法（2004年）に基づいて、特定の独立行政法人や国立大学法人に対して、環境報告書の作成・公表が義務づけられ、企業も努力義務が定められました。その後、企業の非財務的な対社会業績に関する報告書は、環境報告書を拡張する形で上記の各種名称をつけて開示されています。しかし、財務情報と有機的に結びつけた内容ではなく、あくまで財務報告に付随する報告になっています。

　大学の成果情報については、非財務的な定量・定性情報が報告されています。したがって、企業における各種報告書のような「財務報告に対して非財務情報を追加する取組」は、すでに行われており、あまり参考にはなりません。財務情報と非財務情報を有機的に結びつける手法をさがす必要があります。そのような条件を満たす決定的な手法はまだありませんが、以下の二つ

の取組は、非財務情報をまとめた上記の報告書類とは少々趣が異なります。

①統合報告書（Integrated Reporting：IR）：この報告書は、国際統合報告評議会（International Integrated Reporting Council：IIRC）がディスカッション・ペーパーで提案（2011 年）したものです。提案から 10 年も経過していませんが、企業や大学などが、すでに取り組んでいます。企業における IR については、図 1-7 のビジネスモデルが、資本の投入・産出プロセスおよび企業と社会の関わりをわかりやすく説明しています⁽⁴⁴⁾。

　このビジネスモデルを大学に適用した場合を想定して図 1-7 を説明します。6 種類の投入資本（財務、製造、人的、知的、社会・関係、自然）は、大学が投入するものだけでなく、社会から対価の支払いを伴わずに享受できるものもあります（社会インフラや自然環境、教職員の教育水準のようなものまで含められます）。したがって、投入される資本の対価は、大学と社会で負担をシェアしています。

　事業活動は、教育、研究、社会貢献などの基幹活動で、投入資源に付加価値をつけてアウトプットを産み出すことになります。教育成果、研究成果、地域に対する貢献活動実績などが出力されるとともに、廃棄物や副産物もネ

図 1-7　統合報告書におけるビジネスモデル⁽⁴³⁾

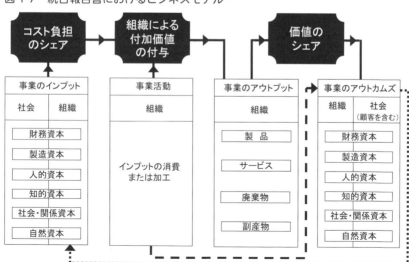

ガティブなアウトプットとして認識する必要があります。事業活動から直接アウトカムズに流れる破線の矢印は、教育・研究活動自体の評判により得られる大学の評価などをさします。

　アウトカムズについては、大学自体にもたらされるもの（財務的な豊かさ、質の高い教育を提供する能力や学術研究により蓄積される知的資源など）と社会に波及するもの（人的資本の供給による生産性の向上、学術研究成果の社会への貢献など）があり、大学と社会で価値を共有することになります。そして、産み出されたアウトカムズが、次のインプットとなって循環します。

　上記のような社会と大学の資源共有と付加価値の創出サイクルが描ければ、財務的なインプットに対する成果の対照を説明することができ、3E の評価に近づけることができる可能性があります。

　②バランスト・スコアカード（Balanced Scorecard：BSC）：BSC は、Kaplan and Norton [45] が業績評価システム手法として提唱したマネジメントフレームワークです。企業や自治体等の組織が、果たすべき使命（ミッション）を明確に定め、そのミッションに基づいて、事業を構成する四つの視点から「ビジョンと戦略」を策定するモデルです。この手法も財務情報と非財務情報を統合していますが、これまでに紹介したものとは異なり、環境や社会への貢献などを統合したものではありません。一組織の業績は、財務の視点だけではなく、他の側面（顧客の視点、内部プロセスの視点および人材と変革の視点）からも、評価する必要があります（図 1-8）。それぞれの視点に対応した評価指標を設定し、ビジョンに対する実績評価を行うことが肝要です。

　大学改革支援・学位授与機構（当時　大学評価・学位授与機構）は、かつて大学評価フォーラム「大学評価の戦略的活用と方法」ワークショップを開催し、大学評価を推進する上で、BSC の重要性を議論しました [47]。大学の BSC を作成する場合には、最終目的が財務的な成果ではないため、企業とは異なる因果関係を想定し組み立てる必要があります [48]。この章の冒頭で検討した 3E の発想からすれば、「財務の視点」は、収益の増加や最終利益の最大化ではなく、管理会計的手法によるコスト適正化の努力と成果とし、「顧客の視点」には満足度の高い学修成果や影響力の大きい研究成果をおき、

図 1-8　大学マネジメントにおける BSC の概念図 [46]

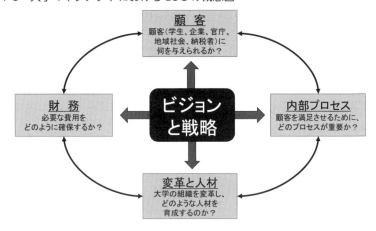

最少の投入資源で最大の効果をあげる因果関係を想定して、評価に活用すべきです（コラム 1-12）。

コラム 1-12

大学評価は、**適正なインプット**により、**満足度の高い学修成果**と**影響力の大きい研究成果**をあげているかを観るべきである。

「成果志向の大学経営において会計情報が果たす役割」については、本章で紹介し、検討した様々な手法やツールが採用されつつありますが、財務情報と非財務情報のアウトプット・アウトカムズを一対一で繋いだ評価を可能とする取組は、十分には機能していません。今後も挑戦的な試行を繰り返して、探求していく必要があります。

《注》
(1)　藤井秀樹（2019）公会計監査における 3E 検査の意義と可能性―会計監査院法改正から 20 年に寄せて―会計監査研究　No. 60 pp.5-11
(2)　財務諸表等の用語、様式及び作成方法に関する規則
　　https://elaws.e-gov.go.jp/search/elawsSearch/elaws_search/lsg0500/detail?lawId=338M50000040059

(3)　企業会計原則
　　　http://www.tadao.law.kyoto-u.ac.jp/kaikei.htm
(4)　企業会計基準
　　　https://www.asb.or.jp/jp/accounting_standards/accounting_standards.html
(5)　日本の上場企業では会計基準として、①日本の企業会計基準、②国際財務報告基準
　　　（IFRS）、③米国財務会計基準、④修正国際基準（JMIS）のうちいずれかを採用する
　　　ことが可能となっている。
(6)　文部科学省（2020）主要な財務報告利用者（利害関係者）の整理　国立大学法人会
　　　計基準等検討会議（第 2 回、2020 年 2 月 6 日）配布資料
　　　https://www.mext.go.jp/content/20200305-mxt_hojinka-000005302_06.pdf
(7)　大学監査協会（2014）大学法人のディスクロージャー　―その目的と体系化―
　　　http://j-uaa.jp/about/result/juaa03.pdf
(8)　日本私立大学協会（2019）日本私立大学協会憲章「私立大学版ガバナンス・コード」
　　　＜第 1 版＞
　　　https://www.shidaikyo.or.jp/apuji/pdf/201907_apuj_gc.pdf
(9)　日本私立大学連盟（2019）日本私立大学連盟 私立大学ガバナンス・コード【第 1 版】
　　　https://www.shidairen.or.jp/files/user/shidairen_governance_code.pdf
(10)　大学経営協会ガバナンス委員会（2018）私立大学のガバナンス改革について―理
　　　事長・学長・理事・評議員・監事の選任コード―
　　　http://www.u-ma21.com/file/2018/180621-2.pdf
(11)　Financial Accounting Standards Board (FASB) (1980) "Objectives of
　　　Financial Reporting by Nonbusiness Organizations" Statement of Financial
　　　Accounting Concepts No. 4
　　　https://www.fasb.org/jsp/FASB/Document_C/DocumentPage?cid=12182
　　　20132686&acceptedDisclaimer=true　平松一夫、広瀬義州（訳）(2002)『FASB
　　　財務会計の諸概念』増補版　中央経済社
(12)　政府補助金は使途指定のある特定補助金と指定のない一般補助金に分類される。特
　　　定補助金は総支出の一定割合を補助する定率補助金と一定額を補助する定額補助金
　　　に分けられる。
(13)　国立大学法人については、全法人の 2018 年度損益計算書における経常収益（附属
　　　病院収益を除く）に占める運営費交付金収益と寄附金収益の割合。公立大学（法人
　　　化されていない大学を含む）については、全大学の 2017 年度経常費予算（附属病
　　　院に係るものを除く）に占める設置者（地方公共団体）の負担額（一部施設費補助
　　　等も含む）の割合。寄附金については、全公立大学合計の集計値が公表されていな
　　　いため、表示していない。私立大学については、551 の大学設置法人における
　　　2017 年度事業活動収支計算書の教育活動収入計に占める経常費等補助金と寄附金
　　　の割合。
(14)　日本の大学の寄附金収益（収入）の総収益（総収入）に占める割合は一ケタ台前半
　　　であるため、これより先は公的補助金について非交換取引収益を代表するものとし
　　　て論を進める。公立大学の一部はまだ法人化されていないが、設置者である地方公
　　　共団体の一部局として予算・決算が行われ、議会の議決・承認を受ける形になるの
　　　で、公立大学法人のみを対象とする。

(15)　文部科学省（2020）国立大学法人等の決算について～平成 30 事業年度～
　　　https://www.mext.go.jp/content/20200327-mxt_hojinka-1414829_1.pdf

(16)　公立大学協会（2019）公立大学ファクトブック 2018
　　　http://www.kodaikyo.org/wordpress/wp-content/uploads/2019/04/factbook_2018.pdf

(17)　日本私立学校振興・共済事業団（2018）政府刊行物『平成 30 年度版　今日の私学財政　大学・短期大学編』学校経理研究会

(18)　企業会計の損益計算書については、会社法施行規則および会社計算規則による株式会社の単体の損益計算書のひな形を簡略化してある。図中の網掛け箇所は企業会計の当期純利益にあたるものを示す。

(19)　国・公立大学法人の運営費交付金は、①期間進行基準（時の経過に伴い業務が実施されたとみなして収益化する基準）、②業務達成基準（業務の実施に伴い収益化する基準）、③費用進行基準（費用の発生額と同額の業務が実施されたとみなして収益化する基準）の三基準で経常収益となる。この説明文は、狭義では③に対応するが、「一定期間」あるいは「一定業務の遂行」に必要と見積もられた費用の発生に応じて収益化されたと解釈すれば、①と②もあてはまる。運営費交付金や寄附金で償却資産を購入した場合には、購入資産の減価償却費（購入資産の 1 年間の消費額）と同額が経常収益となり、この説明をあてはめることができる。

(20)　企業会計の貸借対照表については、会社法施行規則および会社計算規則による株式会社の単体の貸借対照表のひな形を簡略化してある。図中の網掛け箇所は、企業会計の資本金・資本剰余金にあたるものと使途や換金性の面で拘束性のある項目を示してある。

(21)　その他に中期計画に位置づけられた土地等非償却資産の購入を運営費交付金や寄附金で行った場合には、その金額は資本剰余金に計上される。

(22)　退職給付分の運営費交付金が措置されていたが、雇用延長等で支給がなされなかったような場合が例としてあげられる。

(23)　「学校法人会計基準第 30 条第 1 項第 4 号に規定する恒常的に保持すべき資金の額について」（1987 年文部大臣裁定・2013 年最終改正）にもとづいて以下の算式で求める。保持すべき額＝［前年度の事業活動収支計算書の教育活動収支の人件費（退職金、退職給与引当金繰入額を除く）＋教育研究経費（減価償却費を除く）＋管理経費（減価償却費を除く）＋教育活動外収支の借入金等利息］／ 12。すなわち、1 か月分の業務継続に必要な資金量である。

(24)　厳密には無形固定資産と無保証の未収金残高分を差し引いて計算される。

(25)　古市雄一朗（2008）国立大学法人会計基準における開示内容の検討－説明責任の観点を中心に－　大学財務経営研究　第 5 号　pp.187-205
　　　http://www.niad.ac.jp/media/001/201802/nf007016.pdf

(26)　国立大学法人については独立行政法人通則法第 38 条第 1 項を準用。公立大学法人については地方独立行政法人第 34 条第 1 項に定められている。

(27)　所轄庁への提出義務は私立学校振興助成法第 14 条第 2 項に定められている。

(28)　Yamamoto, K.（2008）Governance and Management of National University Corporations in Japan.　Aarrevaara, T., Maruyama, F.（eds.）University Reform in Finland and Japan, Tampere University Press pp.33-52 を参考に筆

者 が 作 成。 同 論 文 再 録：https://www.niad.ac.jp/media/001/201802/nk001002.pdf

(29)　財務諸表の公開については、国立大学法人は独立行政法人通則法第 38 条第 3 ～ 5 項を準用、公立大学法人は地方独立行政法人法第 34 条第 3 項に事務所での閲覧と公告の義務が定められている。学校法人については、私立学校法第 47 条第 2 項に事務所での閲覧が定められているが、公告について定めはなく、法人の判断にゆだねられている（2019 年 10 月 1 日現在の公開状況は、文部科学省（2020）令和元年度学校法人の財務情報等の公開状況に関する調査結果について　https://www.mext.go.jp/content/20200312-mxt_sigsanji-1355974_1.pdf 参照）。

(30)　Patton, J.M. (1992) Accountability and Governmental Financial Reporting. Financial Accountability & Management 8(3), pp.165-180

(31)　2020 年 4 月現在、コスト情報に関して制度会計的な法規制は、公的部門、民間営利部門（企業）、民間非営利部門のどこにもない。企業なら個別企業、大学であれば大学内部で役立つように利用することが求められている。1962 年に定められた「原価計算基準」（大蔵省企業会計審議会）は、法規制として「個々の企業の原価計算手続を画一に規定するもの」ではないとされている。

(32)　Weissman, H.H. (1983) Accountability and Pseudo-Accountability: A Nonlinear Approach.　Social Service Review 57(2), pp.323-336

(33)　原著では、ゲーム理論における非協力ゲームによる次善解の選択として説明されている。

(34)　大西淳也（2010）『公的組織の管理会計―効率性重視の公共経営をめざして―』同文館出版　pp.136-142。図 1-5 に関する同書中の引用元：櫻井通晴（2009）『管理会計 第 4 版』p.320

(35)　教育における組織的なカリキュラム・教材開発、時間割管理、機材管理、教室管理、人員管理など。研究における研究費管理、機材管理、ラボ・スペース管理、人員管理など。研究の創造的活動については業務効率のみで管理できない面が大きいが、限られた予算で実施されているプロジェクトと捉えれば、プロセス管理（期限とアウトプットをスケジューリングしたマイルストーン管理）、コスト管理、人員のエフォート管理など継続的なモニタリングの対象となる面は多い（新日本有限責任監査法人（2017）『国立研究開発法人の理事長によるマネジメントに関する調査報告書』p.27）。

(36)　金子智朗（2017）『「管理会計の基本」がすべてわかる本　第 2 版』秀和システム　pp.203-206 の事例を筆者が図式化

(37)　活動を削減しても資源消費の削減に結びつかなければコスト削減にはならない [(36) pp.207-209]。

(38)　国立大学財務・経営センター（2004）『国立大学法人 経営ハンドブック（1）』http://www.niad.ac.jp/media/001/201802/ne003000.pdf p.4-14

(39)　参加大学数は 2018 年度で 155 大学となっている。なお、コミュニティ・カレッジについては、ジョンソン郡コミュニティ・カレッジ（Johnson County Community College）が 450 超のカレッジの参加を得て、以下の 2 つのコンソーシアムを運営している：The National Community College Cost & Productivity Project(旧 The Kansas Study)と The National Community College Benchmark

Project（NCCBP）。Delaware Cost Study について、詳しくは、https://ire.udel.edu/cost/ を参照。

（40）　水田健輔（2016）米国州立大学における単位教育コストの計測と活用『大学経営の基盤となる財務情報の戦略的活用に関する研究最終報告書』（科研最終報告書・課題番号 25285236）pp.65-79
　　　https://researchmap.jp/kenmizuta/published_papers/24600149/attachment_file.pdf

（41）　詳細は、（42）を参照。最新情報については、https://www.trac.ac.uk/ を参照

（42）　水田健輔・白川展之（2017）英国における fEC 計測の取組、活用とその成果―英国高等教育機関における活動基準原価計算とその内在論理―『大学論集』49 pp.177-192
　　　http://doi.org/10.15027/42971

（43）　IIRC（International Integrated Reporting Council）（2013）BUSINESS MODEL BACKGROUND PAPER FOR <IR>
　　　https://integratedreporting.org/wp-content/uploads/2013/03/Business_Model.pdf p.9

（44）　市村清（2013）『統合報告ハンドブック』（第一法規）

（45）　Kaplan, R.S., Norton, D.p.（2000）『The Strategy Focused Organization』Harvard Business School Press。櫻井通晴（訳）（2001）『キャプランとノートンの戦略バランスト・スコアカード』東洋経済新報社

（46）　（45）および嶋田毅（2016）BSC（バランススコアカード）とは？　概念や有効性 https://globis.jp/article/4840 を参考に筆者が作成

（47）　大学評価フォーラム「大学評価の戦略的活用と方法」ワークショップ（2008） https://www.niad.ac.jp/event/event2009/1180224_1207.html

（48）　奥居正樹（2005）バランスト・スコアカードを用いた大学評価指標の策定とそれを支援する情報システムの構築、大学教育実践ジャーナル　第 3 号　pp.1-17 https://core.ac.uk/download/pdf/71499541.pdf

第 3 章　法人化というチャンス

　大学のあり方をめぐる論議が、昨今さかんです。タイトルに「大学改革」の語を含む書物をよく見かけます。このような議論の一つの出発点となっているのが、大学とりわけ国立大学が、危機にあるという認識でしょう。国立大学が教育研究の双方にわたって往時の活力を失っているという見方は、大学人はもとより、政治、経済、学術、マスメディアなどの各界でほとんど自明の如く語られているようです。その危機は何に由来するのかという問いかけに、よくあげられるのが、2004 年（平成 16 年）の国立大学法人化です。この改革が大学での教育研究に制約を課し、その活力を奪ったというのです。

　現在の大学の危機に、法人化が何らかの意味で影響しているのは間違いないでしょう。だからといって、法人化そのものが間違いだったと即断することは疑問です。法人化の本来の意図が実現されなかった原因は、やり方を間違えたからではないのでしょうか。法人化に類似した改革が実施されたのは、日本だけではありません。20 世紀末から 21 世紀初頭にかけて、多くの国で高等教育の規制緩和が行われました。大学を取りまく社会的環境の大きな変化に対応するために、とくにヨーロッパ諸国で採られた対策が規制緩和でした（コラム 1-13）。わが国の法人化も、このような脈絡で捉えることが可能です。

コラム 1-13

大学を取りまく社会的環境の激変に対する対応として、ヨーロッパ諸国で採られた対策が**規制緩和**である。

　規制緩和の成果をどのように評価するかは、どの国でも議論のあるところです。しかし、学問や文化の継承と創造を通じて人類や国際社会への貢献が使命である大学の変革は時代の要請でしたので、法人化を機に新規まき直しも不可能ではなかったはずです。そうだとすれば、日本の国立大学は、その

チャンスを生かせなかったということになります。

　法人化は、わが国の第二次世界大戦後の高等教育の歴史の中で、最大の改革でした。その法人化から早や 15 年以上が経過し、今日では、法人というあり方は国立大学にとって自明のものとなっています。しかし、次の時代の展望を切り拓くためにも、法人化改革のあり方を改めて明らかにしておくことは重要です。

第 1 節　法人化の青写真

　「新しい『国立大学法人』像について」（以下「法人像」と略します。）という文書[1] があります（2002 年 3 月 26 日公表）。国立大学を法人化する基本方針が固まった後、国公私立大学、大学共同利用機関、経済界、言論界等からの関係者で構成される委員会が文部科学省に設置され、法人化制度の具体的内容を調査検討し、中間報告（2001 年 4 月）を経て、その結果をまとめた文書です。国立大学法人化の前提は、三点にまとめられます（コラム 1-14）。さらに、国立大学法人化によって、国立大学のみの改革にとどまらず、わが国全体の大学の活性化と教育研究の高度化に資する契機とすることを目的としています。

コラム 1-14

① 　学問の府としての大学の**自主性・自立性を尊重**しつつ、各大学における**運営上の裁量拡大や運営の効率性向上**を促し、
② 　国立大学の果たすべき**使命や機能の重要性**に鑑み、
③ 　大学改革の流れを促進し、**活力に富み、国際競争力のある大学**づくりをめざす。

　この「法人像」では、上記の前提に基づいて、国立大学がめざす基本的な視点が三点に整理されています（表 1-18）。その上で、組織・業務、人事、評価から会計制度に至るまで、国立大学法人のあるべき姿を検討しています（表 1-19）。まさしく、国立大学法人制度の青写真というべき文書です。こ

の文書を読み直してみますと、よくできた青写真だと思います。論究が足りない箇所もありますが、高等教育の規制緩和の方向性は、具体的にかつ明確に提示されています。

　21世紀の高等教育をめぐる世界的な競争が激化している中で、この法人化改革がめざしたものは何でしょうか。大学の文化や行動様式を変えることによる効果を期待したと考えられます。大学が、社会のニーズにもっと機敏に対応するようになり、教育研究の両面で世界のトップレベルの大学と競争できるようになることを期待したはずです。

表1-18　法人化によって国立大学がめざすべき基本的視点

視点1　個性豊かな大学づくりと国際競争力のある教育研究の展開 ・国際競争力のある大学づくりをめざす。 ・地域の発展基盤を支える教育、研究、文化の拠点としての機能の充実強化する。 ・大学独自の理念や目標を明確にし、国立大学としての存立意義を明らかにする。
視点2　国民や社会への説明責任の重視と競争原理の導入 ・教育研究、組織運営、人事、財務など大学運営全般にわたって、ルールの明確化、透明性の確保、社会への積極的な情報提供に努める。 ・社会の多様な知恵を積極的に活用し、大学の機能強化を図る。 ・教育研究の提供者としての発想だけではなく、教育の受け手である学生の立場に立った教育機能の強化が必要である。 ・第三者評価に基づく適切な競争原理を導入する。
視点3　経営責任の明確化による機動的・戦略的な大学運営の実現 ・大学運営における権限と責任の所在の明確化を図る。 ・学内の資源配分を戦略的に見直し、機動的に決定・実行するよう、経営面での学内体制を強化する。 ・学内コンセンサスの確保と全学的視点に立ったトップダウンによる意思決定の仕組みを確立する。 ・学内における教育、研究、運営等の適切な役割分担による諸機能の強化を図る。

表 1-19　国立大学法人化前後の比較*

事項	法人化後	法人化前
目標 計画	・文部科学大臣が、法人の意見を尊重しつつ、中期目標（6年間）を策定する。 ・中期計画は、法人が作成し、文部科学大臣の認可を受ける。 ・中期目標・計画は評価に基づいて策定する。	・法的に義務化された期限つきの目的や目標はない。
評価	・実施が法的に義務化されている。 ・6年毎の法人評価を受ける。 ・年度毎に国立大学法人評価委員会（文部科学省）の評価を受ける。 ・学術的成果評価と予算配分を直結させる大学もある。	・自主的に実施する。 ・機関として学術的成果評価は行われないか、行われても予算配分には直結しない。
人事	・非公務員 ・人件費管理（大学が教職員数を決定。大学が給与額を決定する権利をもつ）	・公務員 ・定数管理（文部科学省が教職員数を決定。給与額は公務員俸給表により定める）
財務	・全支出に関して大学が責任をもつ。 ・文部科学省は債務を肩代わりしない。 ・利益余剰金は翌年度に繰越可能である。	・文部科学省が全支出金を管理する。 ・文部科学省が財務データを収集・管理する。 ・文部科学省が債務を肩代わりする。 ・利益余剰金は国庫に返納する。
運営	・学長のリーダーシップ	・合意ベース

* OECD 編著、森利枝訳、米澤彰純解説（2009）『日本の大学改革　OECD 高等教育政策レビュー：日本』明石書店、p.45 を参考に筆者が作成。

第2節　大学の自律的な経営力

　規制緩和によって、大学に権限が委譲されても、大学がそれを活用できなくては画餅にすぎません。それどころか、かえって混乱の元にすらなります。法人化を経て、国立大学の側に規制緩和を活用する態勢は整ったでしょうか。

　法人化の主要な狙いの一つは、学内の運営体制の改革でした（表 1-18）。「法人像」は経営陣が強い主導性を発揮することを期待して、法人化後の学長は「強いリーダーシップと経営手腕を発揮し、最終的な意思決定を行う。」

と明記してあります[2]。諸大学で、これがどの程度実現したかは一概には言えません。その後も、大学改革論議では必ずと言ってもいいほど、学長のリーダーシップ強化[3] が唱えられていることを考えると、この点では「法人像」の青写真は、十分には実現していないと見てよいでしょう。

国立大学の運営体制論の全般的傾向として、何よりも学長の権限や大学中央の運営体制に注意を向ける傾向が見られます。しかし、実際のリーダーシップの強弱は、学内の公式・非公式の情況に左右されます。規定面で権限を強化しても、それだけでは不十分です。実際、紙の上だけで言えば、日本の学長の権限はすでに、国際的に見て他に例のないほど強力になっています[4]。

大事なのは、むしろ大学自身の状況を分析する体制（IR 機能）および経営陣の意思を学内に伝達する仕組みを整えることです。それらがなければ、学長のリーダーシップは空転するだけです。IR 機能については、第二部第1章で議論します（p.84）ので、ここでは、部局との意思の疎通と統一の問題を取り上げます。大学の教育研究活動を担っているのは現場の部局です。本部がいかに精妙な戦略を立てても、部局が動かなければ、何の意味もありません。全学的な方針に沿って各部局が動いてこそ、大学は一つの経営体として動作します（図1-9）。しかしこの点は、「法人像」を含め、わが国の大学改革論議ではあまり触れられていません。

組織を動かすテコは予算と人事と、よく言いますので、予算について議論しましょう。各部局の実績を検証し、全学的な戦略に沿った資源配分を行うことです。法人化はその可能性を与えるものでした。運営費交付金は、各大

図1-9 経営体としての大学のイメージ

学が弾力的に執行できるように、使途を特定せずに一括交付されています。しかし、国立大学の中で、この趣旨を活用しているところは決して多くないようです。法人化に先立って、予算の学内配分制度は国立大学にとって課題になっていました。国からの資金交付は、それまでの積算校費制から基盤校費制に代わり（2000 年）、大学に使途裁量が与えられました。しかし、大部分の大学では、旧来の配分額を踏襲する選択をしました [5]。財務省が行った調査（2019 年）でも、対象となった 28 大学、90 研究施設で、前年度実績を元に一律配分する方式をとるところが圧倒的多数です [6]。人件費についても、法人化で権限が大学に委譲されました（表 1-19）。しかし、大学向けアンケート（2011 年）によれば、定数管理に代わって人件費管理を採用している大学は、調査対象の 26％にすぎませんでした [7]。

　ドイツでも、1990 年代の終わり以降、高等教育の規制緩和が実施されました。その結果、州立大学への公的資金は、日本の運営費交付金と同様、ほとんど一括交付です。多くの大学では、一定のルールに基づいた学内資源配分を行っています。具体的には、部局への予算を算定するための指標と算定式を定め、さらに業績協定とよばれる本部−部局間のコミットメント契約の制度を用いて達成すべき目標を定めています [8]。日本の国立大学でも、自己評価の一環として部局の業績を大学として目標管理しようとする試みがありますが、それが効果をあげているという話は、筆者は寡聞にして知りません。

　ドイツでは内部統制・監査の制度を設けているところも少なくありません。たとえば、ハイデルベルク大学では「ハイクォリティ」heiQUALTYという内部質保証の制度を設けて、教育を始めとした業務の質保証のための厳密な手順を定めています [9]。このように学内統制の体制が整っているためでしょう、ドイツでは学位プログラムの新陳代謝が活発です。ドイツ全体で総数約 2 万の学位プログラムのうち、ここ 5 年ほどで約 5 千が新設される一方、約 2 千が廃止されました [10]。

　規制緩和を踏まえて学内の経営的一体性を築くという点では、法人化後の日本の大学は後れをとったと言えそうです。大学を取りまく環境が厳しくなる一方の近年、日独を分かつ原因は構造的かつ意識的なところに求めるべき

ではないでしょうか。それは、日本の大学には経営人材の育成システムが欠けており、その必要性の認識が十分ではなかったという点です。

　学長や副学長、部局長など、国立大学の上中級の管理職はほとんどが教員出身です。教育研究のプロではあっても、マネジメントの訓練は特別受けてはいません。さほど管理業務の経験もないまま、有名な学者だということで、選挙で突然管理職に選任されるケースもあります。

　事務部門も同様です。一定の周期による学内や大学間異動がありますから、特定部門あるいは当該大学に通じた専門的な知識・経験をもち、企画力を備えた専門職が育ちません。今日の大学では、業務が多角化し、専門性の高い分野も少なくありませんから、これでは対処が難しいでしょう。教員とも事務職員とも異なる、いわゆる「第三の職種」の必要性は、十数年前から唱えられていました。「法人像」でも、事務職員の専門職化の重要性を指摘しています[11]。しかしながら、これはほとんど手つかずです。

　教員の側でも事務職員の側でも、今日の複雑な社会環境の中で巨大な大学組織を舵取りするのは、いささか荷が勝ちすぎるというのが現状でしょう。人材を育成するには仕組みやノウハウが必要ですから、そう簡単ではありません。個々の大学まかせにしては、遅々として進まないでしょう。そこで、いわば高等教育のインフラとして、人材育成の仕組みを高等教育全体で整えるという方針をとるべきではないでしょうか。大学職員養成のための学位プログラムがいくつかの大学で提供されていますし、管理職教員のための研修なども増えてきました[12]。

　ドイツの動向、とくに事務職員の高度専門職化は、注目すべきです。規制緩和と軌を一にして、「学術マネージャー」とよばれる高度専門職が生まれました。彼らは、主として経営陣を補佐する企画部門に任用されて、教育研究のマネジメント、質保証、経営データ管理、法務、広報、マーケティングなど、大学業務の幅広い分野を担当します。担当者は、ほとんど博士号（Ph.D.）をもっていますので、大学という世界の事情、個々の専門分野の特性は熟知しています。ドイツには、大学職員向けの学位プログラムや、高等教育関連のシンクタンクが提供する研修プログラムも数多くあります。とくに後者は、職員のキャリアアップのための長期セミナーから、個々の実務的な

テーマに即した短期ワークショップまで、種々のプログラム（表1-20）が提供されています[13]。単にリーダーシップやガバナンスを論じるだけでは、大学の経営力を高めることにはなりません。大学が、規制緩和で拡大した裁量を真に活用する能力をもつには、実際的な面からの支援が必要です。

表 1-20　ドイツの大学職員向け研修の例
学術マネージャー研修コース（科目群（4 日間）を順次履修、合計 16 日間）

科目群	テーマ	科　目	内　容
1	コミュニケーションと学術制度	学術マネジメント	学術マネジメントの概要、目下の課題・展望
		コミュニケーションと紛争マネジメント	人脈形成、コミュニケーションの基礎・方法・技術、紛争分析、紛争克服の方策
		学術制度・学術法・政治的環境	学術制度の構造・担い手・業績、学術の財務、プロジェクト助成、関係法令、学術制度の政治的展開と展望
2	プロジェクトと改革	プロジェクト・マネジメントとチーム	プロジェクト・マネジメントの基礎、プロジェクトの諸段階、プロジェクト・マネジメントの方法と手段、チームの展開・構造・役割、チーム成功の条件
		改革	学術制度での改革の背景と意義、改革マネジメントの基礎・手段・モデル・成功条件、改革過程での重要局面
3	財務と人事	予算と財務	公共会計の基礎、予算・贈与法、官房会計と複式簿記、原価計算、EU の支援制度、大学・研究機関の税金
		人事	労働法の基礎、職の公募と応募者との面談、一般共同参画法、任期法と賃金法、人材開発の基礎、職場での面接
4	質保証と欧州研究圏	質保証	概念と基礎、学術の質保証、研究・教育・管理運営における質保証、評価、数値と指標、適格認定
		欧州研究圏	諸機関と手順、研究・イノベーション政策、欧州研究圏、EU の研究助成、ホライゾン 2020、助成の形式・手順
		キャリア戦略：価値観・能力・将来像	職業上の自己計画、キャリア形成に即した決断、能力像、目標・将来像

対象：大学、研究機関等で学術マネジャーを務める職員（職務経験 3 年未満）。費用：プログラム参加費€6113、宿泊・食事費€1880。Zentrum für Wissenschaftsmanagement, ZWM-Weiterbildungsprogramm 2020, Speyer: ZWM 2019, pp.8-9 より筆者が抄訳

第3節　国立大学法人評価の課題

　国立大学法人制度での最大の課題の一つは評価です。国立大学法人化は、独立行政法人制度を下敷きに設計されました。したがって、サービス事業者[14]としての大学を、政策企画を行う行政から分離して一定の自由裁量を与える一方、成果を事後評価することで、事業者を統制するという考え方をとっています。したがって、「大学業務の成果を測るに適した評価とはどのような方法か？」という課題が重要です。

　大学という組織は、一般の行政機関と異なる、かなり特殊な性格をもっています。ことさらに大学を別世界視しようとするのではありませんが、特性を無視した評価はあり得ません。第一に、大学の業務分野は、教育、研究、社会貢献など多岐に渡っていますが、多くの場合、業績成果が価格のような数量的尺度になじまず、「非市場的」であるという点です。たとえば、学修成果とは、学生の修了率や就職率だけで測れるものではなく、学生にどれだけの能力を身につけさせたかが重要です。創造的人材の必要性が叫ばれている今日ではいっそうです。

　第二に、大学という組織のゆるやかさです。企業でも単なる上意下達で動くわけではありませんが、大学が社会に開かれた学術（学修や研究）を進めるためには、一定の自由（学ぶ自由、教える自由、学問の自由）が不可欠です。これが知の多様性と競争を生み、全体として学術の活性化をもたらします。したがって、評価を実施する際にも、そうした自由に照応した方法や内容が求められます。

　「法人像」では、評価について「厳正かつ客観的な第三者評価のシステムを確立し、（中略）評価結果に基づく重点的な資源配分の徹底を図るべきである。」と言及しています[15]。評価の仕組みとして設けられたのが、国立大学法人評価（以下「国大評価」と略します。）です[16]。この制度では、大学は、文部科学省の示す中期目標を達成するために、事前に中期計画を設定し、教育研究を進めます。そして、大学の業績は、中期目標の達成状況によって、評価されます。文部科学省に設置された国立大学法人評価委員会が

評価を担当しますが、教育研究については、高い専門性を求める観点から、大学改革支援・学位授与機構がその評価（以下「教育研究評価」と略します。）を担当します。国立大学法人評価委員会は、機構から提出された教育研究評価および教育研究以外の中期目標に関する評価結果を合わせて、総合的な評価を行います。以上が、現行の国大評価の仕組みですが、第1期および第2期中期目標期間の国大評価は、残念ながら、「法人像」の期待した「厳正かつ客観的」な評価とはなっていません。財務当局などからは、資源配分に役立っていないという強い批判があります[17]。

　国大評価の主軸は、中期目標の達成状況を測る「達成状況評価」です。各法人は、文部科学大臣に対して中期目標（6年間）の原案を提出するとともに中期計画を作成します[18]。それらに基づいて年度計画を届出・公表しなければなりません。文部科学大臣は、法人の原案を尊重しつつ、各法人の中期目標を策定・公表すると同時に、中期計画を認可・公表します。中期目標・計画の策定にあたっては、「法人像」の提言にしたがって、文部科学省は大学に対して、記載されるべき事項として「教育研究の質の向上に関する事項」と示しました[18]。しかしながら、大学が設定した中期計画は、「質の向上」を評価する立場からみると、いくつかの問題がありました。この中で最も重要な点として、記述が抽象的かつ総花的で、具体的な目標が明確ではないものが散見されました。この「具体的な目標」とは、必ずしも数値的な目標のみを言っているわけではありません。たとえば、大学がめざす教育研究水準についての記述がみられない例が多々ありました。教育研究の質向上を評価するためには、現在の状況や水準を分析した上で、中期目標終了時（6年後）に、どのような状況を期待し、どのような水準をめざすかという内容が盛り込まれなければなりません。第1期および第2期に各法人が作成した中期計画では、上述のような視点で記述されている中期計画は少なく、達成状況を判断することが難しかったわけです。

　そこで、部局別に教育研究の水準を測ろうとする「現況分析」が補完的に導入されました。現況分析は、学部・研究科等を対象として、「教育の水準」および「質の向上度」、「研究の水準」および「質の向上度」について、法人等から提出された現況調査票等に基づいて評価を実施しました。しかしなが

ら、現況調査表では、教育研究活動で「どんな工夫をしたか」という取り組みに焦点を合わせた記述が目立ちました。すなわち、大学の自己評価書は、インプットやプロセスに関する情報が中心であって、アウトプットやアウトカムズに関する情報が少なく、現況分析では取組に焦点を合わせた手法を取りました。そのため、第2期中期目標期間当初の予算配分は、現況分析結果を重視した内容で行われましたが、資源配分に役立てるに十分な評価結果は期待できませんでした。

　最近の運営費交付金配分では、アウトプットの客観的評価として計数的な指標（共通指標）を用いて、諸大学の業績を一律に測り、評価結果を配分に反映させる手法が用いられる傾向があります。しかし、計数的なアウトプット指標のみが資源配分の手段となることは問題です。質的な成果が多い教育分野は言うまでもなく、研究分野でも計量書誌学的（ビブリオメトリック）な評価法は、補助的なアプローチにしかならないというのが国際的な常識となっています[19]。大学の業績評価に数量的な指標を用いているのは、管見のかぎりではイギリスの「教育卓越性枠組」（「TEF」と略称されます。）くらいではないでしょうか。TEFの場合、主として用いられている指標は学生アンケート結果と就職関係データであり[20]、これらが「法人像」の求める評価になり得るかは疑問です。

　中期目標の達成度評価を基本と考える方法は、国際的にも広く普及しており、最も適切な手法です。国立大学は、構成分野、規模、機能などの面で極度に多様化していますから、全学レベルだけでなく、せめて学部・研究科レベルの情報を社会は求めています。わが国の大学には、何ごとも横並び、集団主義など、20世紀の昔と同じ空気が依然として残っています。残念ながら、中期目標について各大学の記述を比較しても、それぞれの特色は明確には見えません。確かに、学内のあらゆる部分で多様化が進んでいますから、大学全体に共通の中期目標を設定することは難しく、どうしても記述が抽象的・総花的にならざるを得ないことは理解できます。でも、中期目標が自大学を社会にアピールする重要な手段の一つであるという認識は不可欠です。

第4節　法人化制度の矮小化

　「法人像」の描いた制度がそのまま実現されていたら、わが国の大学の国際的存在感はかなり変わっていたのではないかと想像します。しかしながら、「法人像」の提言は、実際の法人化でそのまま実現されたわけではありません。筆者達は、長く国立大学にいましたので、現場での実態はそれなりに分かっているつもりです。改革は実施されて、形の上では制度は作るものの、本来の趣旨を体していないケースが、実は少なくないのです。法人化から15年以上も経っているのに、未だに手つかずという提言も見受けられます。

　法人化改革の流れを今からふり返ると、一つ気づくことがあります。国立大学を法人として独立させるという法的な問題だけが突出しているのです。さらに言えば、設置形態を変更しさえすれば万事解決する、と考えられていました。

　文部科学省が、第1期中期目標期間を終えて、法人化の成果を検証した「国立大学法人化後の現状と課題について（中間まとめ）」（以下「現状と課題」と略します。）という文書[21]があります。その一節に、以下のような趣旨の記述があります。すなわち、ドイツの州立大学を始め、諸外国では国公立大学も法人格をもっていて、そのため自律的な経営ができる、日本も法人化でようやくそのための制度環境を整えられた、と。このドイツの州立大学に関する記述には多少誤解があります。ドイツの州立大学の中には、たしかに法人化して政府から独立している、いわゆる財団大学があります。その数は、全体で300近い州立大学のうち10校程度であり、むしろ例外的存在です。注目すべきは、「現状と課題」には「法人化すれば経営の自律が可能になる」という発想がはっきりと窺える点です。元来、法的形態と自律は別物です。実際、ドイツでは法人化しなくても権限が委譲されています。

　このような発想が根底にあったためでしょうか、法人化では、法的形態の変更や運営組織のあり方以外の議論があまり顧みられませんでした。この関連で興味深いのは、この「現状と課題」の内容構成です。この文書は、本来からすれば、「法人像」で詳述された法人制度のフォローアップとなるべき

ものでしょう。すなわち、エージェンシー[22]としての大学との間の意思疎通、目標設定、実効的な事後評価などの成否を点検する必要があるはずです。ところが、実際には大学改革がどう進んだかに関して大部分の紙数をあて、規制緩和の仕組みそのものについては、ほとんど言及していません。

　これは「現状と課題」にかぎらず、わが国の国立大学法人化をめぐる議論全般の特長でもあります。国立大学を含めて独立行政法人設立の背景にあったのは、「ニュー・パブリック・マネジメント」（通例、NPM と略されます。）の概念[23]です。公共政策における企画と業務を切り離し、後者を市場的・競争的な環境に置くことで、効率的な遂行を実現しようというものです。国立大学法人化については当時、賛否をめぐって激しい議論が行われました。ただ、これらの議論を改めて読み直してみると、NPM に言及するケースがほとんど見当たらないのです。一方ヨーロッパでは、高等教育の規制緩和についての文献に「NPM」の語がまったく現れないことは稀です。

　法人化を規制改革として捉える視角がもっと強ければ、違う議論になったことでしょう。たとえば、いかなる権限を与えれば、大学の教育研究の活性化が図られるか、裁量の拡大した大学との意思疎通はどうするのか、大学が自由を濫用しないような学内組織はどう作るのか、個々の大学の営みが学術全体の発展に資する枠組みをどう作るかなどの点です。ところが、実際にはこうした視角は閑却されました。いわば、法人化を受けて実施された大学改革は、法手続きに矮小化されました。

　国立大学法人制度では、文部科学大臣が、当該大学の意見を参考にしつつ、大学の中期目標を策定します（表 1-19、p.54）。目標を達成するためには、諸々の具体的取組が必要ですが、これらを大学は中期計画としてとりまとめ、文部科学大臣の認可を受けなければなりません（国立大学法人法第 31 条）。ドイツでも、大学と教育省との間では業績協定が締結されます。これは大学が達成すべき目標を定めた文書であり、その意味で日本の中期目標とよく似ています。ドイツの業績協定は、両者間の協議をふまえて締結された契約という形をとっています。したがって、大学側の目標達成の義務だけでなく、行政側の義務（大部分は予算面）も明記した双務的な内容になっています。業績協定では、目標は明記しても、それをいかに達成するかという取

組までは記さないのが原則です。

　法人化反対論の中には、法人化によって規制緩和どころか、かえって「政府による統制の強化」が進んだと指摘する声もあります[24]。こうした議論が出るのも、上述のように、規制緩和が十分制度的に実現しなかったためではないでしょうか。もちろん、日独の差を過度に強調するつもりはありません。法律の字面はどうあれ、中期目標を設定する際には、現場の事情に通じた大学の「意見」が強く反映されることになるでしょう。国を問わず、予算を握る行政が大学より強い立場にあるのは自明のことです。実際の業務において「目標」と「取組」がきれいに分離されるわけもありません。しかし、原則的な観点からすれば、日本の法人化は、本来の規制緩和のあり方としては疑問を残しています[25]。

　結論を言えば、法人化改革では、規制緩和という本来の目的が十分に取りあげられないまま、法的形態の問題だけが先走りしたように思われます（コラム1-15）。

コラム 1-15

国立大学法人化では、本来の目的である「**規制緩和**」について議論が深められないまま、「**法的形態**」の問題に集約された。

第5節　なぜ「法的問題」に集中したのか？

　法人化の議論が法的問題に集中した裏には、規制緩和の必要性についての認識が十分広まっていなかったこともありそうです。本章冒頭で指摘しましたように、当時、高等教育の規制緩和は、国際的現象で、ある意味で時代の流れに促されたものでした。

　多くの国で、高学歴化によって進学率が高まりました。それによって、単に学生数が増えるだけではなく、学生の質や社会的形姿も多様化しました。大学への社会的要請も強くなりました。質保証、国際化、生涯教育、地域貢献などは、それまでの大学の知らなかったものです。このように高等教育自

体が変容したことに加えて、多くの国で公財政の逼迫が生じ、大学は以前ほどの支援をあてにできなくなりました。これら一連の問題が、先進国の高等教育を取りまく環境を大きく変化させたのです。NPM の唱えるような規制緩和改革が、対応として最適だったのかどうかは見方が分かれるかもしれません。ただ、時代が変わった以上、大学も変わらなければならなかったことだけは確かでした。昔風のあり方を続けるという選択肢はなかったのです。

　当然わが国の大学でも、上記のような危機が増大していくことは認識されていましたが、この危機意識が危機回避へ直結してしまったのでしょう。規制緩和によって運営上の裁量権が大きくなったことによって、この危機回避はより容易になりました。大学の中には、これを好機として捉え（コラム1-16）、改革に取り組んだ事例もあります。しかし、多くの場合は、好機ではなく危機として捉え、自大学の伝統によって回避できると信じたのかもしれません。その結果、現実は、わが国の大学の活力や国際的な存在感の低下につながってしまったのではないでしょうか。さりとて、「好機」と見定めることは、言うは易し行うは難しです。「好機」に改革を実行するためには、学内の合意から始まり、大変なエネルギーを必要とします。どうしても比較的合意の得られやすい「危機回避」に流れることは避けられないでしょう。

コラム 1-16

迫りくる**危機**を**好機**として捉え、**改革**に取り組まなければならない。この「好機」を見定めるために強力な**IR 機能**が不可欠である。

　わが国の法人化にいたる経緯をたどってみると、以上のような情況認識がどの程度当事者の間で徹底していたかは疑問です。国立大学の法人化への動きが初めて公的な議論の場に現れたのは、大学民営化論が提起された 1997 年頃です。その後、法人化実現までの間、国立大学協会など大学側の姿勢は、明快さを欠いていた印象があります。すなわち、根本では法人化に対して拒否的なのですが、政治の現実状況からして全面拒否は難しいというので、「独立行政法人化反対の姿勢を維持しながら、独法化の条件を探る」というわかりにくい方針をとりました。明快なスタンスがないため、代案を提

示することもありません。結局、大学側は押しきられる形で、法人化を受け入れることになりました⁽²⁶⁾。この間、改革が不可避だという認識があったようには見受けられません。もしその認識があれば、代案は出たでしょうし、代案をまとめることで、改革を教育研究活性化のチャンスとして活用する前向きな積極的な姿勢も生まれたでしょう。

　法人化をチャンス視すると言うと、法人化に否定的な立場には奇異に映るかもしれません。しかし、実際は大学人の間でもそうした意見はありました。好例は、永井道雄の「大学公社」論⁽²⁷⁾です。国立大学法人化に関する議論が始まった後にも、一部の大学は、大学改革に法人化は必要だという意見を唱えていました⁽²⁸⁾。ただ、こうした前向きな議論が大学界の大勢を占めることは、結局ありませんでした。

　大学側にも、「人類史の長い射程に立って、社会と時代の要請に応える。」という使命は基本認識としてあったでしょう⁽²⁹⁾。しかし、改革の必要性への切迫感はあまりなかったようです。国立大学については、すでに長年にわたって「問題点や課題が明らかになっていたのに、多くの国立大学で、そうした問題点や課題に対して有効な改革が持続的に展開されてきたようには見えない。」という体質を指摘する声がありますが、ここでもそれが作用したように思われます⁽³⁰⁾。あながち大学側のみの責でもありません。前向きに問題を捉えようという意欲を阻んだ一因として、実際の法人化改革が、大学側の不信や反発をかき立てるような形で推進されたという事情がありました。

　第一に、行政改革としての側面があまりに強く表に出たことです。法人化改革が動き出した裏には、行政のスリム化を目ざす政府側の強い意向があったことは、経緯を読み返せば容易に見てとれます。もちろん、規制改革の一契機は財政危機ですから、行政改革を唱えることは別段おかしくはありません。ただ、法人化改革では「公務員減らし」が目立ちすぎました。その分、教育研究の活性化への眼差しは遮られます。加えて、大学側は当初より、法人化後も職員の身分を公務員身分として維持することを求めていましたが、これは結局実現しませんでした。これらが、法人化改革への大学の姿勢を拒否的にする大きな要因になりました。

　第二に、学内運営体制の改革という側面がもたらした副作用もありそうで

す。法人化改革では、先述のように、学長のリーダーシップを始めとする学内の運営体制に大きな注意を向けました。学長権限の強化は、大学紛争以来、大学改革論の目玉の一つだったものです⁽³¹⁾。そのため、法人化は、以前からの大学改革に重ねて捉えられがちになりました。大学側は従来から、文部省主導の改革路線には懐疑的でした。となれば、法人化に臨む大学の姿勢に、当初から何がしかの警戒感が交じっていたとしても不思議ではありません。

　第三に予算削減です。これがもっとも決定的でした。法人化とともに導入された運営費交付金には当初、効率化係数なるものが適用され、交付金の総額は当初の数年間、毎年定率的に減額されました。これが大学側からの強い反発を生みました。法人化がスタートして 2 年後（2006 年）に、法人化の影響を国立大学の学長・理事がどう捉えているかを調査するアンケートが行われました。そこでは、回答者は「財務の健全性」への懸念をきわめて厳しく指摘しています⁽³²⁾。論者の中には、法人化がもたらした「最大の変化は財務上の変化であった」という意見すらあります⁽³³⁾。規制緩和と予算削減は本来イコール（規制緩和の一つの背景が政府の財政危機ですから、両者が相伴いやすいのは事実ですが）ではありません。上記の経緯の結果、大学側の目には法人化イコール予算削減と映じました。これが、法人化を頭から全否定する見方に拍車をかけ、結果的に、伏在するチャンスへの視角を閉ざしたように思われます。

　公財政が窮迫する状況で、高等教育予算も何らかの影響を蒙るのは避けられないでしょう。それでも、緊縮に伴う大学の痛みを緩和するように試みることは可能だったはずです。焦点の一つは、財務の安定性です。現在は、各大学への運営費交付金は毎年文部科学省に決められ、その算定方式も必ずしも事前には明らかにされません。来年の予算すら不明では、経営の自律は空文にしかなりません。

　この点、ドイツの事例は参考になります。ドイツでも規制緩和の一環として、日本の運営費交付金に似た一括交付金制度が導入しました。その額は、予算期間（3 ～ 5 年間）中は固定されています。ドイツでもやはり大学予算は厳しいのですが、政府と大学は、予算減の代わりに裁量拡大・額安定で折

り合ったわけです。

　2000年代初頭、日本でも大学の改革は不可避となっていました。「規制緩和でもってこれに対応する」という大きな方針は間違いでなかったと思います。しかし、実際の国立大学法人化は、チャンスを十分活かすものになりませんでした。それはだれの責任かという議論になりそうです。筆者は「だれが」という問題ではなく、関係者の間に十分な信頼関係がなかったためではないかと思います。

　大学改革の課題は山積していますが、基本方向は規制緩和を進めることです。自発的な教育研究活動の拡大によって、わが国の高等教育の活力は向上するでしょう。どのような具体的取組をするにせよ、裁量の拡大は関係者間の相互信頼と社会の信頼が不可欠です。この信頼関係を醸成することこそが、大学に求められていることであり、これこそが、従来活かせなかったチャンスを活かす途です。

《注》
(1)　国立大学等の独立行政法人化に関する調査検討会議（2002）「新しい『国立大学法人』像について」
(2)　国立大学等の独立行政法人化に関する調査検討会議（2002）「新しい『国立大学法人』像について」p.13
(3)　一例として、中央教育審議会大学分科会（2014）「大学のガバナンス改革の推進について（審議まとめ）」
　　http://www.mext.go.jp/b_menu/shingi/chukyo/chukyo4/houkoku/1344348.htm
(4)　両角亜希子（2018）「大学の組織」東京大学大学経営・政策コース篇『大学経営・政策入門』東信堂　p.69
(5)　天野郁夫（2005）「国立大学の財政と財務――法人化前夜」『大学財務経営研究』2 p.4
(6)　財政制度等審議会歳出改革部会（2019）「資料　文教科学技術」
　　https://www.mof.go.jp/about_mof/councils/fiscal_system_council/sub-of_fiscal_system/proceedings_sk/material/zaiseisk190516.html　p.37
(7)　金子元久（2014）「財務経営担当者からみた国立大学法人」『IDE』561　p.69
(8)　たとえば、ベルリン州の3州立大学（ベルリン自由大学、フンボルト大学、ベルリン工科大学）はすべて、学内配分のための算定式を定めている。Cf. M. Jaeger/S. In der Smitten（2009）Evaluation der leistungsbezogenen Mittelvergabe an die Berliner Hochschulen: Gutachten im Auftrag der Berliner Senatsverwaltung für Bildung, Wissenschaft und Forschung, Hannover: HIS Hochschul-

Informations-System, pp.91-93. ドイツの大学への公的交付については、竹中亨「ドイツにおける大学基盤交付金制度——基礎経費・アウトプット指標・業績協定」『大学評価・学位研究』22、2020年（予定）参照

(9)　大学改革支援・学位授与機構編著（2020）『内部質保証と外部質保証—社会に開かれた大学教育をめざして』ぎょうせい　pp.69 ～ 78

(10)　Immer mehr Studiengänge Frankfurter Allgemeine Zeitung 10 October 2019

(11)　国立大学等の独立行政法人化に関する調査検討会議（2002）「新しい『国立大学法人』像について」p.9

(12)　両角亜希子他（2019）「大学上級管理職向け研修・教育プログラムの現状と課題」両角亜希子編著『学長リーダーシップの条件』東信堂　pp.36-57

(13)　たとえば、ZWM, Weiterbildungsprogramm, https://www.zwm-speyer.de/wp-content/uploads/2019/11/ZWM_WBP_2020.pdf

(14)　世界貿易機関（WTO）事務局のサービス分類の詳細（1991）
　　　https://www.mofa.go.jp/mofaj/gaiko/wto/service/jimu.html

(15)　国立大学等の独立行政法人化に関する調査検討会議（2002）「新しい『国立大学法人』像について」p.7

(16)　大学改革支援・学位授与機構編著（2020）『内部質保証と外部質保証—社会に開かれた大学教育をめざして』ぎょうせい　pp.155-167

(17)　財務省財政制度等審議会（2018）『平成31年度予算の編成等に関する建議』
　　　https://www.mof.go.jp/about_mof/councils/fiscal_system_council/sub-of_fiscal_system/report/zaiseia301120/01.pdf。批判論の概観として、田中弥生（2019）「国立大学改革——評価と運営費交付金から捉えた課題」『評価クォータリー』48　pp.2-21

(18)　川口昭彦（独立行政法人大学評価・学位授与機構編集）（2006）『大学評価文化の展開—わかりやすい大学評価の技法』大学評価・学位授与機構大学評価シリーズ、ぎょうせい　p.109

(19)　いわゆる「ライデン声明」Leiden Manifesto for research metrics を参照。小野寺夏生、伊神正貫（2016）「研究計量に関するライデン声明について」
　　　https://www.nistep.go.jp/activities/sti-horizon 誌 /vol-02no-04/stih00050

(20)　大学改革支援・学位授与機構（2017）「諸外国の高等教育分野における質保証システムの概要『英国』」
　　　https://www.niad.ac.jp/n_kokusai/info/uk/uk2017.pdf　pp.11-17

(21)　文部科学省（2010）「国立大学法人化後の現状と課題について（中間まとめ）」
　　　https://www.mext.go.jp/a_menu/koutou/houjin/_icsFiles/afieldfile/2010/07/21/1295896_2.pdf

(22)　独立行政法人大学評価・学位授与機構編著（2010）『大学評価文化の定着—日本の大学教育は国際競争に勝てるか？』大学評価・学位授与機構大学評価シリーズ、ぎょうせい　pp.174-176

(23)　独立行政法人大学評価・学位授与機構編著（2010）『大学評価文化の定着—日本の大学教育は国際競争に勝てるか？』大学評価・学位授与機構大学評価シリーズ、ぎょうせい　pp.170-173

（24）　山口裕之（2017）『「大学改革」という病―学問の自由・財政基盤・競争主義から検証する』明石書店　p.32

（25）　日本では、独立行政法人の目標は主務大臣が定めることになっている（独立行政法人通則法第 29 条）。したがって、これは大学だけの問題ではなさそうだが、ここでは立ち入らない。

（26）　大崎仁（2011）『国立大学法人の形成』東信堂、p.70、p.104。本稿での法人化改革の経緯の論述は同書に大きく拠る。

（27）　永井道雄（1962）「『大学公社』案の提唱」『世界』202　pp.33-41

（28）　田中弘允他（2018）『検証　国立大学法人化と大学の責任―その制定過程と大学自立への構想』東信堂　pp.51-52

（29）　田中弘允他（2018）『検証　国立大学法人化と大学の責任―その制定過程と大学自立への構想』東信堂　p.23

（30）　吉見俊哉（2016）『「文系学部廃止」の衝撃』集英社　p.50

（31）　大崎仁（2005）『大学改革　1945 ～ 1999 ―新制大学一元化から「21 世紀の大学像」へ』有斐閣

（32）　天野郁夫（2007）「法人化の現実と課題」『大学財務経営研究』4　p.172

（33）　吉見俊哉（2011）『大学とは何か』岩波書店　p.231

第二部
教学マネジメント

　フンボルト理念の特色は、教授自身が研究を行うだけでなく、その研究に学生が参加することに意義を求めた点でした。受け身の姿勢で教授の講義を聞く方法ではなく、「研究を進める過程を通じて教育をする。」という知性の開発方法に独創性があります。これは、今や世の中で声高に叫ばれている「アクティブ・ラーニング（能動的学修）」と言えます。

　フンボルト理念に基づいて創設されたベルリン大学では、教員の教える自由（Lehrfreiheit）と学生の学ぶ自由（Lernfreiheit）との間の密接な関係が重視されていました。この根底にある考え方は、人間の知識が不完全なものである以上、それをあたかも完全に所有しているかの如く、上目線から一方的に伝授するのは、知性の発展にとって阻害にこそなれ有益ではないという認識です（猪木武徳（2009）『大学の反省』日本の現代11　NTT出版　pp. 22-23）。

　しかしながら、大学のマス化さらにはユニバーサル化が進み、かつ研究内容が高度化するにつれて、学部レベルの教育と教員の研究を結びつけることが困難になってきました。先端研究で競争をしなければならない教員は、教育のために多くの時間を割くことが難しくなります。教員の業績が研究で評価されることになると、研究に一定の時間を割かざるを得なくなります。さらに、管理運営に関する業務に教員が関与する機会も年々増加しています。一方、学生数は増加していますから、教員が一人ひとりの学生に目配りすることは不可能となります。その結果、教育に時間的な余裕のない教員と、先生と人格的に触れ合う機会のない学生を生み出し、双方に不満や不信感が鬱積する事態になってしまいました。このような状況を解決するための教学マネジメントシステムの整備・充実が必要であり、教員が教育研究に専念できる環境を構築することが求められます。

第 1 章　学修パラダイムにおける
教学マネジメント

　「教学マネジメント」という言葉は大学教育界に氾濫しており、文部科学省は「教学マネジメント指針」なる文書を公表しました[1]。このような文書が公表されなければならない事態は、教育関係者にとって「憂うべき状況」と言うべきかもしれませんが、その内容を確認しましょう。教学マネジメントは、「大学がその教育目的を達成するために行う管理運営」と定義されており、その確立にあたって、**コラム 2-1** に示す取組が必要とされています。

コラム 2-1

・ディプロマ・ポリシー、カリキュラム・ポリシー、アドミッション・ポリシーの三ポリシーに基づく体系的かつ組織的な教育を展開し、学位（教育）プログラム共通の考え方に則って**学修成果・教育成果の点検・評価**を行い、**教育および学修の質の向上に向けた不断の改善**に取り組むこと。
・学生の学修成果に関する情報や大学全体の教育成果に関する情報を的確に把握・測定し、**その情報を社会に向けて発信**するとともに**教育活動の見直し等に適切に活用**すること。

　教学マネジメントとは、内部質保証の確立にも密接に関わる重要な営みです。教育活動に用いることができる学生の時間や人員や施設等の学内資源は有限であるという認識に立って、学修者本位の教育の実現のために教育パラダイムから学修パラダイムへの転換[2]、すなわち「供給者（教員）目線」から「学修者（学生）目線」への転換が強く求められています。教学マネジメントの確立にあたっては、当然さまざまな取組が必要ですが、個々の取組を個別に独立したものとして積み上げるだけでは成果を期待することは難しく、「学修者本位の教育」という目標に向けて、それぞれの取組を有機的に関連づけ、根本的かつ包括的な教育改善につなげることによって、学修成果をあげていくことが期待されています。

第 1 節　「質保証」時代の教学マネジメントと学修者本位の教育

　日本の高等教育は、インプット（学生数、教員数、施設など）重視の設置認可から「改善をめざした質保証」（大綱化および認証評価制度導入）に転換しました。しかしながら、認証評価によって、高等教育機関に要求されている最低基準（設置基準）を満たしているというお墨付きを得てしまうと、その後も継続的に改善を続けようという気運が生まれてこない事例が、残念ながら多数です。質保証には、**コラム 2-2** に示すような機能が期待されているわけですから、これを前提とした教学マネジメントの構築が不可欠です。

コラム 2-2

質保証は、
効果的な学修を促進し、
卒業・修了までに必要な**知識、スキル、コンピテンシーの獲得を保障**し、
入学前の学生と将来の雇用主に**有用な情報を提供**し、
日本の**学位の国際的通用性を担保**する上で重要な仕掛けである。

　教育パラダイムから学修パラダイムへの転換の必要性が強調され始めて久しいですが、再度ポイントを確認します（表2-1）。かつては、教員が教えた内容や方法が問題（インプットやプロセス）でしたが、今や、学生が、どのような能力を身につけたかという学修成果（アウトプットやアウトカムズ）が問われています。すなわち、個々人の可能性を最大限に伸長する教育への

表 2-1　学修パラダイムと教育パラダイムの比較

学修パラダイム（成果主義）	教育パラダイム（時間主義）
学生が何を学び、何ができるようになったか？　どのような能力を修得したか？	教員が何をどのような方法で教えたか？学生はどの授業を履修し、出席時間は？何単位取得したか？
学修成果（アウトプット、アウトカムズ）の質保証	授業内容・方法等（インプット、プロセス）の質保証

転換が求められているわけです。換言すれば、「時間主義」から「成果主義」への転換とも言え、これは現在推進されている「働き方改革」と通じる点です[(3)]。

　学修成果については、知識やスキルだけではなく、コンピテンシーが問われます。コンピテンシーとは、「単なる知識や技能だけでなく、様々な心理的・社会的なリソースを活用して、特定の文脈の中で複雑な要求（課題）に対応することができる力」と説明されます[(4)]。コンピテンシーには、ネゴシエーション能力、専門職的能力および社会的（人間的）能力が含まれます（表2-2）。知識社会では、幅広い知識と柔軟な思考力に基づいて、自らのアイデンティティーを主張し、他者の理解を得るとともに協調的に成果をあげなければなりません。したがって、ネゴシエーション能力が重要で、当然コミュニケーション能力も含まれます。

　知識やスキルは日進月歩で進化しますから、急速に陳腐化が進むことを念頭に入れておくことが肝要です。すると、高等教育で重要なものは「コンピテンシー」と言えます。このためには、教養教育が重要であることを第一部第1章（p.8）で強調しました。すなわち、修得した知識やスキルを用いて、

表2-2　コンピテンシーの内容

ネゴシエーション能力 ・他者と協議しながら対立や論争を解決できる。 ・他者と協働して仕事ができ、仕事を計画・組織化できる。 ・人を説得したり、人の意欲を励起することができる。 ・多様な方法で課題に取り組み、課題の倫理的・道徳的影響を理解・説明できる。 ・情報を図式化して、具体的課題として正確に提示できる。 ・文章を正確に解釈、説明でき、事実と個人の意見を区別できる。
専門職的能力 ・学術的原理や統合された知識の修得 ・批判思考・理解力 ・職業的知識の修得 ・専門分野の中で問題を処理するための一連の方法論 ・特定の職業活動分野の中で問題を処理するための一連の方法論
社会的（人間的）能力 ・自律性と責任感 ・倫理観とプロ意識

自らの行動が及ぼす社会的影響に対する責任を含めて、いかに課題に挑戦・解決するかという能力が「学修成果」として求められているわけです。現状では、学修には明確な基準があって教育者の仕事が報われるわけではありません。教育が研究に比べて世間の評価が不利な立場に置かれていることは、Hutchins [5] の記述が端的に表現しています（コラム 2-3）。高等教育機関や質保証機関にとっては、この学修成果を、いかに社会にわかりやすく説明し、理解を得るか、そしてその質を保証するかが知恵の絞りどころであり、これらを組み込んだ教学マネジメントが不可欠となります。

コラム 2-3

よい教育はどれほど優れていても、**教えられる者の間の内部的な評判に留まる**に過ぎない。研究は公刊され、**科学研究は世間の大評判をうること**、そして時として**現実的な結果**につながる。

第2節　日本の大学の教学マネジメントの根幹的課題

　情報革命に代表されるイノベーションとグローバル化の大嵐が吹き荒れています。これと共に、大学と社会の関係は、20 世紀とは基本的に変わりました [6]。すなわち、科学的知識が一般の人間社会に深く浸透してきたという現実の認識が基本にあり、科学が影響した結果として社会で起こっている事象に対して、科学者は、基本的な責任をもつ必要が出てきました。そして、「最先端の教育研究」に替わって「持続可能な開発のための教育研究」が、大学に求められるようになりました。

　大学には、急速に多様化・高度化する社会を見据えた個性ある学修者本位の教学マネジメントが求められます。日本の大学マネジメントは、欧米諸国のそれと比較して、課題を抱えているように思われます。もちろん教員個人個人の対応が進められていることは確信していますが、問題は組織的（大学全体、学部、学科等）な取組です。たとえば、ある学科が目標としている人材像を実現するために、各授業をどのように位置づけ、その内容・方法に関

して教職員間で共有されているでしょうか？　「カリキュラム・ツリー」なるものが作成されている事例もありますが、この情報が学生や教職員の間でどれだけ浸透し共有されているでしょうか？　おそらく実態は、各教員に丸投げされ、任されているのではないでしょうか？　わが国の大学の画一性は、以前と比較して、かなり変化してはいますが、何ごとも横並び、集団主義、形式主義など、20世紀の昔と同じ空気が教育界にも残念ながら残っています。

「大学の自治」＝「教授会自治」？？？

　日本の大学の管理理念として、「教授会自治」が強調されます[7]。これは、欧米の大学には見られない、わが国の特徴です。「大学の自治」はフンボルト理念の輸入であることは疑いの余地はありませんが、第二次世界大戦中の悪い記憶（軍の教育研究への介入）があって、日本型「大学の自治」が生まれたのではないでしょうか。この第二部の冒頭（p.72）に指摘しましたように、フンボルト理念は「教員の教える自由」と「学生の学ぶ自由」のバランスの重要性に言及していますが、わが国では前者が強く強調されるに至ったわけです[7]。この「教授会自治」は、大学紛争（1960年代末）で批判の的となりましたが、実質的には、ほとんど変化しないまま現在に至っています。永井道雄氏[8]（元文部大臣、当時　東京工業大学助教授）が、大学紛争に先立つ1962年に記述した、「何にもまして深刻な問題は、国民のうちのかなりな部分が、大学の自治に対する意識的、無意識的な疑惑をもち、自治は所詮、組織の既得権擁護にすぎないとひそかに考えていることではないだろうか。」というのも耳の痛い指摘です。OECD高等教育政策レビュー[9]でも、「日本の国公私立大学に、強大な教授会自治を極端な形で残している。」とすら指摘されています。この「強大な教授会自治」が、教員を多忙にする結果となると同時に、学修パラダイムへの移行や教学マネジメントの構築に影響を及ぼす要素の一つとなっていることが懸念されます。たとえば、カリキュラム開発、学修成果の評価、教授法開発、国際化などが進みにくくなっている状況も垣間見えます。

大学は社会に信頼されているか？？？

　歴史的に見れば、日本の大学はいわゆる世間からかけ離れた存在であるべ

きで、俗世との距離は遠ければ遠いほどよいとすら考えられていました。これを「屹立する高さを誇示する」（コラム 2-4）と表現しました[10]。ところが、第二次世界大戦後、とくに 20 世紀後半からの大学拡張政策によって、わが国の大学は、エリート段階からマスさらにユニバーサル段階に達しました。この間に、高等教育機関は、大学院、大学、短期大学、高等専門学校、専修学校などが設立されました。さらに、学位プログラムの中には職業指向的性質をもつものが現れてきました。すなわち、ある種の職業に就くための免許としての機能を果たす学位が生まれてきたのです。このように、高等教育機関は、学校種の内部あるいは学校種の間での多様化が急速に進行し、将来の社会を支える若者を育成するという重大な責任を負っています。

コラム 2-4

大学は、「屹立する高さ」を誇示するのではなく、「開かれた濃密さ」によって、新しい「知」の創造、継承、発展に貢献しなければならない。

　この責任を果たすためには、「目先のことだけではなく将来を見据えた教育研究を実施している。」と社会から信頼されることが重要です。構成員の「勝手気ままな」教育研究を行うのではなく、国家統制をはじめとする現代社会の束縛から解放されて、将来社会の方向性を見据えて、確固たる理念をもって将来を担う若者に対する教育研究を遂行することが大学の使命です。日進月歩の現代では、「すぐ役立つ」ことは、必ずしも「継続的に役立つ」ことにはならない場合が多くあります。「すぐに役立つ」ばかりが取り上げられ、大学が安易にそれだけを追求することは、自らの存在意義を否定するようなものです。このことを社会に理解してもらう粘り強い説明・説得（社会的説明責任）も大学の重要な役割の一つです。これが、「開かれた濃密さ」（コラム 2-4）に込められています。

　大学への社会的信頼に関する調査結果がドイツにあります。社会組織（政治を除く 25 種類）のそれぞれに対する社会的信頼を問うアンケート（テレビ局の ntv と RTL の委託を受けて世論調査機関 Forsa が実施。無作為抽出した者の中で回答数 2,505）が行われました[11]。その結果によると、80％の回答者

が警察や医師を信頼すると答え、次いで大学を信頼する回答者は 77％でした。ちなみに、最低は広告会社（3％）、企業経営者（8％）でした。また、種々の職業集団への社会的信頼を問う別のアンケート（世論調査機関 Kantar が実施、選挙権を有する者の中で回答数 1,000 強）では、回答者の 72％が大学教授への信頼を肯定（「大変信頼する」「信頼する」の合計）し、これは諸集団中の 2 位でした。なお、1 位は医師（75％）、3 位は裁判官（68％）でした[12]。

　わが国には、この種の調査結果はありませんが、ドイツのような高い値にはならないだろうと残念ながら経験的に推察されます。多くのコメントの中から、次に 2 件のみ記述します。

- ・上述の永井道雄氏の「自治は所詮、組織の既得権擁護にすぎないとひそかに考えている。」というコメントには大学に対する不信感すら感じさせます。「大学の自治」は、本来、社会全体の発展に貢献するための仕掛けのはずですが、構成員の既得権擁護の道具と見られているのは大変残念ですが、当たらずして遠からずかもしれません。
- ・教育と学修・学修態度・職業生活との低い関連性について、多くの大学教員は、主として専門家集団に属する研究者としての業績をもとに自分自身を評価しており、学部で学生に勉強を教える人としての面は軽視されている[13]。

　いずれにしても、社会的信頼を高めるためのマネジメントも重要でしょう。

第3節　教学マネジメントの現状分析と改革の方向性

　マネジメントの現況分析および改革の方向性の議論は前書[14]でもしましたので、重複する部分もありますが、前書も合わせてお読みください。

　日本では、大学を卒業したら一つの企業に定年まで勤めるという終身雇用の慣行が確立していました。このため、いわゆる新卒一括採用が主流となり、卒業生を採用する際には、その企業の業務内容への適性より、むしろ就職後の実務や教育・訓練を通じて、どれだけの仕事が覚えられるかという潜在的能力（頭の良さ？）や、将来の成長の可能性、社風に合うなどを重視し

てきました。その企業に必要な専門的能力（つまり「使える人間」）を期待するのではなく、企業が重視するのは「どこの大学に入学したか」という情報で、偏差値の高い大学ほど、卒業生の潜在的能力は高いと考えていました。本人のスキルを評価して適所に配置するという欧米の雇用形態とは異なるわが国独特の労働市場慣行に、過去半世紀にわたって、大学は順応してきたわけで、学修成果を中心に考える文化が育ち難かったのかもしれません。

　もちろん、大学と労働市場との関係は、複雑であり一様ではありません。上記のような関係が当てはまる分野もあれば当てはまらない分野もあります。しかし、この終身雇用制度によって、教育や学修のあり方、卒業生に対する企業の求人方法、大学院教育のあり方等、わが国固有の体制が形成されてきました。

　しかしながら、急速に進む技術革新、グローバル化そして少子・高齢化により、この伝統的な体制は崩壊しつつあり、今や「学修成果」が問われる時代に突入しています[14]。すなわち、大学には、「どのような人材を育成しようとしているのか。」あるいは「どのような学修成果が期待できるか。」というビジョンやミッションを明確にして、「どれだけの学修成果が得られたか。」という質保証を行うことが強く求められるようになりました。この要請に応えるためには、教学マネジメント体制の整備が不可欠です。

教育研究水準の向上を支える基盤は「マネジメント力」

　マネジメント力とは、資源（人的資源、物的資源、資金、情報など）を獲得する力であり、これらの資源を有効かつ効率的に活用する力をさします。強いマネジメント力が教育研究水準の向上を促し、高い教育研究水準が強いマネジメント力を産み出します。大学を取り巻く環境が厳しさを増せば、マネジメントの巧拙がより直接的に教育研究水準に影響を及ぼすようになります。教育研究水準を維持・向上させるためにも、マネジメント力を高めていく必要があります。大学が抱える経営的な課題を表 2-3 にまとめました。

　大学は、「共同体的組織」として長い歴史があり、それを補完する形で「経営体的組織」が構築されてきました。そのため、この異なる性格を有する二つの組織の最適な設計の解が見出されていないのが現状でしょう。そして、組織と個人に期待する役割、組織や個人が負うべき責任などが曖昧にな

表2-3　大学が抱えるマネジメントに関する課題

> ・教育研究、学生支援、国際化、社会・地域貢献、管理運営などについて変化しつつあるが、その程度は大学間で大きな差がある。
> ・同じ大学内でも、教学と経営の間、現場と執行部の間、部局・教職員間で、変化の程度や意識の差が目立つ。国の補助事業等に採択された機関・組織では、企画・推進を担当する教職員とその周辺に取組が止まる傾向がある。
> ・高等教育に関する種々の政策が次々と実施されているが、高等教育機関では、現場の実情との乖離、政策に翻弄されがちな実態などの課題が山積している。

る傾向があります。また、組織を運営する能力をもった人材の育成システムが確立しておらず、運営方法自体も未成熟と言わざるを得ません。そのため、課題の高度化と組織の複雑化に対応したシステム（意思決定、業務プロセス等）が確立しておらず、教員間、職員間、教員・職員間の対話と協働が十分ではありません。さらに、各々の専門分野や担当職務に閉じこもる傾向（タコツボ化）があり、他者に対する関心、他分野・部門に対する関心、社会に対する関心が総じて低いと言わざるを得ません。

　今まで、大学人は「経営」「管理」あるいは「マネジメント」という言葉を敬遠する傾向がありました。その結果、わが国の大学のマネジメント体制は、欧米諸国のそれと比較して、社会の変化に対応できるものにはなっていないという印象です。欧米の大学と日本の大学を比較すると、教員と職員の協働体制の脆弱さが目につきます[15]。欧米の各大学では、エリート型からユニバーサル型へ発展する過程で、管理運営体制を積極的に変革してきました。これに対して、わが国の大学は数字上ではユニバーサル段階に達していますが、管理運営上はエリート段階の様相が色濃く残っている（第一部第1章第3節、p.13）ことも原因の一つでしょう。

　わが国の特徴である「強力な教授会自治」（p.77）によって教員集団が意思決定を主導し、教員の活動や教員組織が聖域視されています。職員は、大学運営や教学方針に口を出すべきではない、「教育のことは教員が決める。」という根強い意識があり、職員の大学運営参画を押しとどめてきました。しかしながら、教学と経営の両面における大学職員の役割の重要性が増しつつあり、「職員の成長こそが大学発展の原動力となる。」とまで言えます。このことは、今や、大学運営に関わる者の共通認識となっています。

自己改革を持続的に推進する体制構築

　国が矢継ぎ早に政策を示し、学長のリーダーシップの下で改革を進めるという、国主導の改革が目立つようになっています[16]。「改革疲れ」が囁かれるほどに「改革」が盛んに行われています。しかしながら、制度を変えて、学長に強い権限を与えれば、改革が進むと考えるのは、あまりにも安易すぎます。国の経済が右肩上がりで成長している間は、ヒト、モノ、カネ、情報などの経営資源の効率的活用等に対する無関心は許容され、目立った影響も出なかったかもしれません。しかし、近年、経営資源に対する制約が強まる中で、各大学固有の教育研究の質を高めながら、18歳人口の減少を補うための新たな需要の開拓（社会人や留学生など）、多様な資源の確保などに取り組まなければなりません。現状では、社会状況に対応できるマネジメント体制が不十分であり、全構成員の意識改革も遅れているものと思われます（コラム2-5）。

コラム2-5

大学がユニバーサル段階に達していることを認識して、それに対応できる**マネジメント体制**の構築が大学改革の最大のテーマである。**人に働きかけて、協働的な営みを発展させるマネジメント体制**が重要である。

　改革自体が自己目的化することも懸念されます。重要なことは、改革がめざす目的や方向性を明確に説明し、それを全構成員が共有し、一丸となって立ち向かうことです。このために、人に働きかけて、協働的な営みを発展させるマネジメント体制の構築が喫緊の課題です（コラム2-5）。このマネジメント改革が遅れることにより、わが国の大学の国際的地位が低下していくことが懸念されています。

　さりとて、そのような体制が一朝一夕にできあがるものでもありません。「改革」は、個々の断片的な取組だけでは大きな成果は期待できません。目標を達成するための総合的かつ体系的な「戦略」が肝要であり、それを全構成員が共有することが不可欠です。このためには、構成員の意識改革も重要な要素です。

　欧米諸国では、伝統と実績をもつ大学ほど、それを維持するために積極的に自己改革を進めています[(17)]。わが国の大学の「改革」は、いわゆる政策主導（追従？）、横並び、集団主義の傾向が見られることが危惧されます。自由と伝統を守りながら、自己改革を持続的に推進できる体制の構築こそが、わが国の大学に求められています。

教学マネジメント改革の方向性

　上記の現状分析を踏まえた改革の方向性は、前書[(14)]で詳しく言及しました（コラム2-6）ので、ここではポイントだけ議論します。教育研究における組織的取組やマネジメントの質が一層問われるようになったこと、大学は運営問題を指摘され続けながら今日まで有効な解を示せていないこと、そこには大学組織特有の構造的・意識的問題があり、それらを踏まえて組織設計と人材配置・育成の両面で改革を行う必要があります。すなわち、マネジメントの質管理が教育研究の質管理とともに重要であり、両者は表裏一体の関係にあります。

コラム 2-6

教学マネジメント改革の方向性
・**教員が教育研究に専念**できる環境整備
・**職員業務の高度化**
・教職員の**人材育成システムの確立**
・**IR**（Institutional Research）**機能の充実**

　教員が行っている業務を総点検し、教員自身が行うべき業務と職員に移管できる業務とを区別する作業が最初にやるべきことです。すなわち、教員が行うべき業務の厳選と重点化の作業です。このための前提として職員業務の高度化が不可欠であることは当然です。教育改革の取組や学生支援の充実などに、大学職員が主体的・能動的に関わることが求められます。過去からの延長で教員と職員の役割を固定的に考えたり、教員組織と職員組織を区別したままで、今日の大学に求められる機能を効果的に果たすことは困難です。

　教員の能力開発の責任は一義的には教員自身が負うとしても、大学も組織

として質保証の責任をもつ以上、教員の能力開発への関与は必要です。ファカルティ・ディベロップメント（FD）活動が、教員の教育研究能力の開発や授業内容・方法の改善に、どのように結びついているのかについて確認し、その結果を共有することが重要です。さらに、職員がその運営に必要な知識・スキルを身につける機会（スタッフ・ディベロップメント、SD）も設けることが必要です。外部で実施される研修やセミナーにのみ頼ることは、明らかに限界があります。どうしても、学内あるいは学部内で人材を育成することを念頭に入れた活動が不可欠です。欧米では、それ相応の技量を備えた人物を外部から招聘することは日常茶飯事に行われています。しかし、わが国では、そのような動きも出てきてはいますが、依然として伝統的な雇用・労働環境が主流でしょう[18]。したがって、多少時間はかかっても、組織内で人材を育てることが肝要です。

　最後は、インスティテューショナル・リサーチ（Institutional Research, IR）機能の充実です。IRとは、機関に関する情報の調査および分析を行う機能です。これは教学マネジメントの基盤となる機能ですが、諸外国の大学の状況と比較すると、わが国の大学が非常に遅れている機能です。いわゆる「学長のリーダーシップ」が十分発揮できるようにするためにも、IR機能は不可欠なものですが、残念ながら、わが国では、経験（敢えて言えば「思い込み」）に頼る判断が主になっています。このIR体制の確立には、環境整備、人材育成、FD・SDの高度化が前提となります。

　研究も含めた大学マネジメントの進むべき方向性は、表2-4に示します。さらに、教学マネジメントに話題を絞りますと、学生募集に始まり、学生の入学から卒業まで一貫した教育とそれを支える経営、そしてこれらを実現していくガバナンスが重要となります（図2-1）。そして、学内へこのような

表2-4　大学マネジメントの進むべき方向性

①大学自身が、学生などのステークホルダーと社会に向き合って、真のニーズを分析し、未来を洞察して、自らの立ち位置と将来像を構想する。
②教員個々の興味・関心を基礎にしつつも、組織としての教育研究力を確立する。
③職員一人ひとりも、経営、教学、研究等の面で主体的かつ能動的に創造性を発揮し、機関・組織の未来を切り拓く役割を果たす。

図2-1　一貫した教学マネジメント・ガバナンス

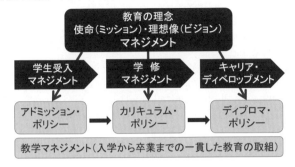

考え方の浸透・共感を図るために、教職員一丸となって大学の独自性、個性や魅力を高め続ける意識と行動が肝要です。さらに、学外への浸透・共感を深める活動そして、大学の独自性、個性や魅力を学外に発信し続けることが肝要であり、卒業生の評価も浸透・共感を獲得するために有効です。

《注》
(1)　教学マネジメント指針（2020）中央教育審議会大学分科会
　　　https://www.mext.go.jp/content/20200206-mxt_daigakuc03-000004749_001r.
　　　pdf
(2)　独立行政法人大学改革支援・学位授与機構編著（2020）『内部質保証と外部質保証
　　　—社会に開かれた大学教育をめざして』大学改革支援・学位授与機構高等教育質保証
　　　シリーズ、ぎょうせい、p.6。今までのシリーズでは「学習」あるいは「学習成果」と
　　　表記してきました。文部科学省の文書では、ある時期から、高等教育に関しては「学
　　　修」あるいは「学修成果」と表記しており、このシリーズでは、これに準じます。
(3)　独立行政法人大学改革支援・学位授与機構編著（2020）『内部質保証と外部質保証
　　　—社会に開かれた大学教育をめざして』大学改革支援・学位授与機構高等教育質保証
　　　シリーズ、ぎょうせい、pp.9-10
(4)　独立行政法人大学改革支援・学位授与機構編著（2016）『高等教育に関する質保証
　　　関係用語集（第4版）』p.54
(5)　Robert M. Hutchins（1953）『The University of Utopia』The University of
　　　Chicago Press, p.36　猪木武徳（2009）『大学の反省』日本の現代11 NTT出
　　　版　pp.275-276
(6)　独立行政法人大学改革支援・学位授与機構編著（2019）『高等教育機関の矜持と質
　　　保証—多様化の中での倫理と学術的誠実性』大学改革支援・学位授与機構高等教育質
　　　保証シリーズ、ぎょうせい、pp.12-15
(7)　大崎仁（2011）『国立大学法人の形成』東信堂、p.14
(8)　永井道雄（1962）『大学公社』案の提唱『世界』202、p.40

（9）　OECD 編著、森利枝訳、米澤彰純解説（2009）『日本の大学改革　OECD 高等教育政策レビュー：日本』明石書店、p.41

（10）　独立行政法人大学改革支援・学位授与機構編著（2017）『グローバル人材教育とその質保証―高等教育機関の課題』大学改革支援・学位授与機構高等教育質保証シリーズ、ぎょうせい、p.6

（11）　Forschung & Lehre（2020）"Universitäten genießen weiterhin hohes Vertrauen" https://www.forschung-und-lehre.de/zeitfragen/universitaeten-geniessen-weiterhin-hohes-vertrauen-2419/

（12）　Forschung & Lehre（2019）"Professur verschafft großen Respekt in der Gesellschaft" https://www.forschung-und-lehre.de/zeitfragen/professur-verschafft-grossen-respekt-in-der-gesellschaft-2340/

（13）　OECD 編著、森利枝訳、米澤彰純解説（2009）『日本の大学改革　OECD 高等教育政策レビュー：日本』明石書店、p.79

（14）　独立行政法人大学改革支援・学位授与機構編著（2020）『内部質保証と外部質保証―社会に開かれた大学教育をめざして』大学改革支援・学位授与機構高等教育質保証シリーズ、ぎょうせい、pp.3-21

（15）　独立行政法人大学改革支援・学位授与機構編著（2020）『内部質保証と外部質保証―社会に開かれた大学教育をめざして』大学改革支援・学位授与機構高等教育質保証シリーズ、ぎょうせい、pp.68-88

（16）　大学のガバナンス改革の推進と学長のリーダーシップの強化が盛んに議論されている。たとえば、平成 29 年度文部科学白書　第 5 章高等教育の充実 https://warp.ndl.go.jp/info:ndljp/pid/11293659/www.mext.go.jp/b_menu/hakusho/html/hpab201801/detail/1411386.htm

（17）　苅谷剛彦（2017）『オックスフォードからの警鐘―グローバル時代の大学論』中央公論新書

（18）　濱口桂一郎（2009）『新しい労働社会〜雇用システムの再構築へ』岩波新書

第 2 章　教育の質保証と教学マネジメント

　卒業認定・学位授与の方針（ディプロマ・ポリシー）、教育課程編成・実施の方針（カリキュラム・ポリシー）、入学者受入れの方針（アドミッション・ポリシー）の三つの方針（以下「三ポリシー」と略記します。）は、すでに学校教育法施行規則に基づき、その策定および公表が大学に義務づけられています。その上で、その学修成果をプログラム共通の考え方（アセスメント・ポリシー）に則って、大学が自主的に点検・評価し、その結果をプログラムの改善・進化に反映させるいわゆる PDCA サイクルが持続的に回る構造（内部質保証体制）を学内に確立することが必要です。とくに、教育に関しては、第一義的には大学自らが率先して質保証に取り組むことが求められます。これまで多くの積極的な教育改善の取組が進められてきましたが、改善に真剣に取り組む大学と改善の努力が不十分な大学とに二極化しているという指摘もあり、残念ながら大学全体としては十分な社会からの信頼が得られていないのが実情です。

　さらに、在学生や学費負担者、入学希望者、学生の雇用者等の直接的な関係者だけではなく、国際社会、地域社会、産業界等などの大学外部からの期待も意識しつつ、積極的な説明責任を果たすことが求められます。すなわち、大学全体の学修成果や教学に係る取組状況等の教育の質に関する情報を公表していくことが重要視されているわけです。このように、情報公開も含めた統合的な教学マネジメント体制の確立が大学の責務となっています。

　従来の大学では、教員組織としての学部・学科が運営の中心でしたが、この「供給者目線」を脱却して、学位を授与する課程（学位プログラム）[1] を中心とした学修者本位の教育として捉え直す「学修者目線」への根本的な変革が大学に求められています（コラム 2-7）。たとえば、科目履修や時間割の作成等についても、大学側が提示したメニューからの学生の選択に依存する傾向がありましたが、学修者本位の教育という観点からは、学生の意欲や積極性を引き出し、密度の濃い主体的な学修を可能にするためのマネジメント

と学生指導が不可欠です。

> ### コラム 2-7
>
> 教員組織としての学部・学科を運営の中心とした**供給者目線**を脱却して、学位を授与する課程（学位プログラム）を中心とした**学修者目線**への変革が求められている。

第 1 節　学位プログラム単位のマネジメント

　三ポリシーは、大学の特色や強みを学内外に発信するものであり、学修者本位の教育の教学マネジメントの起点となる最も重要な存在です。したがって、抽象的な表現ではなく、具体的かつ明確に策定されている必要があります（表 2-5）。ディプロマ・ポリシーとカリキュラム・ポリシーは、それらの一体性・整合性が必要です。さらに、アドミッション・ポリシーについても、入学後の学修や卒業認定に必要な資質・能力等に照らして、入学時に求められる基礎的知識の水準や専攻分野への関心、意欲、態度などを、入学希望者に示す機能がありますから、他の二ポリシーとの一貫性が求められます。

　大学は非常に多様な分野から構成されていますから、これら三ポリシーは、基本的には学位プログラム毎に策定される必要があります。各プログラムが掲げている教育理念に基づいて、どのような資質・能力を身につけた者に卒業を認定し、学位を授与するのかという情報を発信する必要があります。もちろん、大学全体の中での整合性が必要なことは言うまでもありません。

表 2-5　三ポリシー策定にあたっての留意事項 [(2)]

・各大学における教育研究の特性を踏まえ、ディプロマ・ポリシー、カリキュラム・ポリシーおよびアドミッション・ポリシーを一貫性・整合性あるものとして策定するとともに、三ポリシーの関係を分かりやすく示し、大学内外に積極的に発信すること。 ・当該大学に関心を持つ多様な関係者（入学希望者、学生、保護者、高等学校関係者、地域社会、国際社会、産業界等）が十分に理解できるような内容と表現とすること。

学修目標の具体化

　ディプロマ・ポリシーは、在学生の学修目標だけではなく、卒業生の資質・能力を保証する機能をも備えていなければなりません。したがって、学修目標は、過度に抽象化した表現や大学人にしか理解できないいわゆる「ジャーゴン（業界用語）」に頼るのではなく、学生が「何を学び、何を身につけることができるのか。」という情報を盛り込む必要があります。その際、学修目標は、定量的あるいは定性的な根拠データに基づいて、成果の質保証が可能なように設定することが肝要です（コラム 2-8）。

コラム 2-8

　学修目標は、**定量的あるいは定性的根拠データ**によって、客観的な**質保証**が可能な形で設定しなければならない。

　従来の学修目標は、既存の教員組織や教育課程・授業科目を前提として策定される傾向にありました。今後は、学修者および社会のニーズに対してどのように応えるかという視点を重視して、学位プログラムに相応しい個性豊かな学修目標を設定することが重要です。社会のニーズとは、経済・産業界のニーズに限らず、国際社会や地域社会も含めた幅広いニーズを意味していますし、大学には自ら新たなニーズを創出していく活動も求められています。

教育課程の編成・実施

　明確な到達目標を有する個々の授業科目が、学位プログラムを支える構造が重要であり、体系的かつ組織的な教育課程の編成が行われる必要があります。すなわち、はじめに個々の授業科目があるのではなく、学位授与の方針の下に学生の能力を育成するプログラムのもとで、それぞれの授業科目がプログラムを支える構造が重要です。授業科目の過不足ない設定、各授業科目相互の関係、履修順序や履修要件の検証などがマネジメントの任務ですが、さらに、密度の濃い主体的な学修を可能とするために、授業科目の精選・統合や学生が同時に履修する授業科目数の絞り込み等も重要な任務です（コラム 2-9）。学生の主体的な学修を促進するために、カリキュラム・マップ（育成する能力と授業科目群の対応関係を示す）やカリキュラム・ツリー（履修順

序を示す）などで全体像を学生に理解しやすい形で提示して、履修指導等に有効活用することが求められます。個々の授業科目のコース・ナンバリング(3) も必要な作業です。コース・ナンバリングによって、プログラム全体の体系性が明らかになるとともに、個々の授業科目の教育課程上の水準や位置づけも分かりやすくなります。

コラム 2-9

学生が学修に使える時間は有限であることを認識して、**学生の意欲を引き出し、密度の濃い主体的な学修**を促進する教育課程の編成・実施が大学の責務である。

　カリキュラム・マップ、カリキュラム・ツリーやコース・ナンバリングは、教育課程全体の授業科目の配置が可視化され、教職員間での問題点の議論にも活用できそうです（活用すべきです）。今までなんとなく前例踏襲で進んできた作業を見直して、学生や社会のニーズに適合したカリキュラムを作成する好機となるでしょう。いずれにしても、体系的な教育課程を編成する際には、授業科目を担当する個々の教員の意向を優先するのではなく、学修者本位の視点が肝要です。知識や経験も少なく、将来の見通しを必ずしも明確にはもっているとは限らない学生の資質・能力を引き出し、学修目標の達成に向けて指導していく教育課程の編成・実施が大学の責務です。個々の学生の希望や学修歴を踏まえて、主体的な学修を促すとともに、将来を見据えた学修指導が必要です。従来から、学修指導は教員の業務と考えられてきましたが、教員のみならず職員や専門スタッフ等も加えた体制の構築が求められています。

第2節　授業科目レベルのマネジメント

　個々の授業科目レベルは、教育が実際に行われる現場です。教育課程を構成する各授業科目には、プログラムの学修目標の達成に向けて担うべき役割があります。各授業科目の到達目標は、プログラムに定められた学修目標の

具体化を視野に入れた設定が必要です。授業科目のマネジメントは、限りなく教員のマネジメント能力に依存しています。今までは、担当教員に"丸投げして全てお任せ"が通例でした。このため教員間の差が大きくなり、学生の不信感の原因の一つになっていたものと考えられます。

　大学設置基準（第 21 条第 2 項）には、「授業科目は 1 単位につき 45 時間の学修を必要とする内容をもって構成し、講義・演習については 15 〜 30 時間、実験・実習・実技については 30 〜 45 時間の授業時間を確保する必要がある。」と定められています。そのため、授業科目の担当教員は、1 単位当たり 45 時間に相当する、授業時間に加えて事前・事後学修を設計する必要があります。すなわち、学生に事前・事後学修の必要性を認識させる工夫が求められているのです。

シラバス

　各授業科目について学生と教員との共通理解を図る上で重要なツールがシラバスです。アメリカ合衆国では、シラバスは教員と学生の「契約書」と理解されている場合もあります。大学評価が開始された 2000 年頃のシラバスには、「詳細は最初の講義で述べる。」とだけ記述されたものもありました。最近は、さすがにこのようなものは見当たりませんが、不完全なシラバスが散見されます。

　シラバスは、単なる講義概要（コース・カタログ）ではなく、学位プログラムのディプロマ・ポリシーの中での当該授業科目の位置づけ、他の授業科目との関連性の説明、事前・事後学修の指示を盛り込んだ授業の行程表です。さらに、授業の到達目標（何を学び、何を身につけることができるのか）および成績評価基準を明示する必要があります（コラム 2-10）。到達目標の達成状況は、抽象的な表現ではなく、定量的あるいは定性的な根拠データに基づいて評価することができるような記述が求められます。

> ### コラム 2-10
>
> シラバスに記述すべき事項
> ・授業の目的と到達目標
> ・ディプロマ・ポリシーに定められた学修目標と授業の到達目標の関係
> ・授業の内容と方法
> ・授業計画
> ・成績評価基準
> ・事前・事後学修の内容

アクティブ・ラーニング（能動的学修）

　今までの大学は、知識の伝達・注入を中心とした授業が多数でした。インターネットなどの情報通信網の発達によって、知識はいつどこでも簡単に入手することが可能になりました [4]。大学教育に対して、主体的に考える力をもって、専門知識を社会で活用していくネゴシエーション能力を備えた人材育成が期待されています。すなわち「考える」「話す」「行動する」など多様な学修への期待であり、旧来の一方向的な知識伝達型の講義スタイルからの脱却が求められているわけです。

> ### コラム 2-11
>
> **アクティブ・ラーニングとは、**
> 教員による一方向的な講義形式の教育とは異なり、学修者の**能動的な学修への**参加を取り入れた教授・学習法の総称。学修者が能動的に学修することによって、**認知的、倫理的、社会的能力、教養、知識、経験を含めた汎用的能力の育成を図る。発見学習、問題解決学習、体験学習、調査学習**等が含まれるが、教室内での**グループ・ディスカッション、ディベート、グループ・ワーク**等も有効なアクティブ・ラーニングの方法である。

　この期待に応える切り札の一つが、アクティブ・ラーニングです（コラム2-11）[5]。アクティブ・ラーニングというある特定の方法があるわけではなく、多様な教授・学修法の総称です。どのような方法を用いるかは、学生の特性や学修内容によって変わってきます。明確に言えることは、旧来の知識

伝達型の講義スタイルとは、教員の役割や授業マネジメントが異なりますが、詳細は前書を参照ください [6]。

第3節　プログラム・レビューと大学・学部（研究科）のマネジメント

　これまで、授業科目レベルの質保証・向上は個々の教員による自主的な取組によって行われてきました。これに対して、今、質保証問題の中心にあるのは「学位プログラム」です。大学は具体的な教育活動を学部・研究科に委譲し、各学位プログラムが実際の教育活動を実施しています。なお、以下の記述は、前書 [7] と重複していますので、前書と合わせてお読みください。

　学位プログラム単位の質保証は、毎年継続的なデータ等による点検（モニタリング）と5〜7年程度毎の点検・評価（レビュー）から構成されるのが妥当と思われます（コラム2-12）。

コラム 2-12

学位プログラム単位の質保証は、
モニタリング（毎年継続的なデータ等による点検）と、**レビュー**（5〜7年毎の点検・評価）から構成される。

　モニタリングは、プログラム実施者が、その現状について、定量的および定性的なデータや情報を定期的に把握・追跡し、教職員の間で情報共有を図る作業です。収集するデータや情報は、各プログラムが健全な状況にあることを確認することを目的にして毎年収集することに意味があるものであり、かつ、収集負担が過重でないものを選択しなければなりません。たとえば、科目の開講状況やシラバスの入力状況、履修状況、成績分布、卒業率、就職率、学生満足度・達成度調査などの結果や授業アンケートの集計結果などです。

　レビューは、プログラムの質の継続的な改善または向上に結びつけるために実施するものです。プログラム実施者に大学や学部・研究科の関係者が加わって、プログラムの状況を客観的根拠に基づいて定期的に把握・検証する

表 2-6　学位プログラム・レビューのプロセス

①プログラム実施者が、大学内で設定された項目に基づいて、自己評価書を作成する。
②自己評価書は、大学あるいは学部・研究科の質保証の委員会に送付される。
③委員会は、自己評価書を検討し、改善すべき事項があれば、提言や指示を行う。
④プログラム実施者は、それに対して改善計画書などの対応方針を作成する。

活動になります。レビューのプロセスとしては、表 2-6 に示すような案が
考えられます。大学や学部・研究科は、レビューに必要な資源の配分などを
行い、後日、改善計画の進捗状況を確認します。

　プログラム・レビューの基礎になるのは「三ポリシー」です[8]。最も重
要な点は、ディプロマ・ポリシーで設定された学修成果が達成されているこ
との確認です。学修成果をどのような方法で測定するかについても全学共通
の方針（アセスメント・ポリシー）や実施計画（アセスメント・プラン）を定
めて、継続的に測定することになります。多くの大学は既に学生アンケート
により学生の成長実感や満足度等を調査していますし、卒業論文の成績評価
基準を設定して総合的な能力の評価を実施したり、卒業後の進路状況の確認
も行っています。大学によっては、ルーブリックの開発、ポートフォリオの
導入、授業科目でなくプログラムレベルでの学修成果を確認するテストの開
発や外部の民間テストの活用、授業科目成績の重みづけ集計によるコンピテ
ンシーの測定など、さまざまな取組を行っています。このような既に大学で
行っている取組を基礎として、学位プログラム単位での達成状況を点検・評
価し、その結果に基づいて学内で改善の促進がなされる仕組みを整備してい
くことになります。プログラム・レビューを行う際に、確認することが望ま
れる事項を表 2-7 にあげてあります。

　アドミッション・ポリシーに関する点検としては、学生の受入・選抜方法
により学生の特性やその後の学修状況がどのように異なるかを検証し、受
入・選抜方法や学生の種類ごとの教育方法の改善に活用することになりま
す。ただし、入学は学位プログラム単位ではなく、学部・研究科などの、よ
り大きな枠組みで行われている場合も多く、適切な組織単位で点検を行うこ
とになります。表 2-8 にあげた項目にはプログラム単位では実施が難しい
場合も含まれています。

表 2-7　学位プログラム・レビューで確認する項目

・ディプロマ・ポリシーにおいて、教育プログラムを修了した学生に期待される学修成果が適切に定められているか。
・卒業の認定に関する方針に定められる学修成果を学生が達成するために、適切なカリキュラム・ポリシーが定められているか。
・カリキュラム・ポリシーに基づいて、教育課程が体系的に編成され、適切な水準になっているか。
・カリキュラム・ポリシーに基づく教育課程を学生が修了するために、教育課程が効果的に実施されているか。学生の学修量負荷は適切か。
・専門職学位課程を除く大学院課程においては、研究指導、学位論文（特定課題研究の成果を含む。）に係る指導の体制が整備され、適切な計画に基づいて指導が行われているか。
・期待される学修成果の達成の程度について、適切に評価しているか。
・期待される学修成果を学生が達成しているか。
・卒業（修了）後の状況等から判断して、期待される学修成果が社会的要請と合致しているか。

表 2-8　学位プログラム・レビューで確認する可能性がある項目

・学生の受け入れが適切か。
・教育実施体制が適切か。
・学生の学修教育基盤や学生支援が適切か。
・教育プログラムの実施における管理運営体制や財務が適切か。

《注》
（1）　学位にはつながらない「履修証明プログラム」なども教育プログラムの一種である。大学が各種の教育の質を保証したいと考えるのであれば、その対象は必ずしも学位プログラムに限定されるものではない。
（2）　教学マネジメント指針（2020）中央教育審議会大学分科会、p.11
（3）　授業科目に学問分類と学修のレベルを示したコード（アルファベットと番号）を付すことで、学修の段階や順序等を表し、教育課程の体系性を明示する仕組み。学生が授業科目を選択する助けとなる。また、他大学との単位互換の際に、互換する科目の位置づけの理解を容易にする利点もある。（独立行政法人大学改革支援・学位授与機構編著（2016）『高等教育に関する質保証関係用語集（第 4 版）』p.50）
（4）　たとえば、MOOCs（Massive Open Online Courses）など
（5）　新たな未来を築くための大学教育の質的転換に向けて～生涯学び続け、主体的に考える力を育成する大学へ～（2102）
　　　https://www.mext.go.jp/component/b_menu/shingi/toushin/__icsFiles/afieldfile/2012/10/04/1325048_1.pdf　p.37
（6）　独立行政法人大学評価・学位授与機構編著（2014）『大学評価文化の定着―日本の

大学は世界で通用するか？』大学評価・学位授与機構大学評価シリーズ、ぎょうせい、pp.27-36
(7)　独立行政法人大学改革支援・学位授与機構編著（2020）『内部質保証と外部質保証
　　　―社会に開かれた大学教育をめざして』大学改革支援・学位授与機構高等教育質保証
　　　シリーズ、ぎょうせい、pp.35-53
(8)　三ポリシーは、原則的には学位プログラム単位で策定すべきである。各ポリシーの
　　　定義を履修証明プログラムにも合うように定義し直せば、教育プログラム全体に同様
　　　の考え方を導入できる。

第３章　大学院博士課程における大学教員養成

　第二次世界大戦後の日本の大学制度は、アメリカ合衆国のそれをモデルとし、大学院や学位の制度も大きく改変されました。修士の学位が新設され、大学院には修士課程２年、博士課程３年の教育課程が置かれ、各課程の修了者は提出した論文審査を経て学位が授与されることになりました[1]。しかしながら、とくに博士学位の授与の実態は、ほとんど戦前と変わらず、「後継者養成」の場にとどまる状況が続いてきました。すなわち、分野によって現状はかなり異なりますが、大学院修了時に学位（Ph.D）を取得し、それが大学教員になるための基本的な資格要件となるアメリカ的な大学教員・大学院・学位の相互関係が、わが国では明確にはなっていない分野も多数あります。このため、大学教員の養成については、アメリカモデルの模倣は表面的なレベルにとどまり、実態としては戦前とほとんど変わりませんでした[2]。

　以上のような経緯から、大学院では研究者養成の役割ばかりが強調され、そこが大学教員養成の場でなければならないことが、大学教員自身によって忘れ去られ（あるいは無視され）ています。博士学位取得者の多くが大学教員のポストには就けない一方で、「実務家教員」とよばれる、いわゆるノン・アカデミックのキャリアをもつ大学教員が急増しています。今や、大学教員とはどのような職業なのか（求められる能力は何か）、そのための基本的な資格要件は何か、そしていかに養成・任用されるべきか（コラム 2-13）を問い直すことが喫緊の課題です。

コラム 2-13

大学教員は、
どのような職業であるべきか？
基本的な**資格要件**は何か？
どのように**養成**され、**任用**されるべきか？

　大学院制度の課題は、第一部第 1 章第 2 節（pp.11-13）でも言及しましたが、この章では、博士課程における大学教員養成に話題を絞って議論します。

第 1 節　プレファカルティ・ディベロップメント（プレ FD）

　高等教育の中でもとくに大学院は、知識（基盤）社会における新しい知の生産、価値創造を先導する高度な人材を育成する役割を担うことが期待されており、主に四つの人材養成機能[3] を担っています（コラム 2-14）。この四機能に言及した中央教育審議会答申[3] には、「研究者等の養成の場合と同様の要素に加え、これまで脆弱であった教育を担う者としての自覚や意識の涵養と学生に対する教育方法等の在り方を学ぶ教育を提供することが求められる。」と記述されており、大学教員養成の課題が指摘されています。このような状況は、わが国の大学教育の国際的存在感をも左右しかねない懸念があり、今までの「知識とスキル（技術）の習得」だけではなく、「自覚や意識の涵養」も視野に入れた対処が求められます。

コラム 2-14

大学院が担うべき人材養成機能
・創造性豊かな優れた研究・開発能力をもつ**研究者等の養成**
・高度な専門的知識・能力をもつ**高度専門職業人の養成**
・確かな教育能力と研究能力を兼ね備えた**大学教員の養成**
・知識基盤社会を多様に支える高度で**知的な素養のある人材の養成**

　大学院設置基準の改正（2019 年 8 月）によって、大学院博士課程における学識を教授するために必要な能力を培うための機会の設定とそれに関する情報提供が努力義務（表 2-9）となりました[4]。すなわち、大学教育を担う者としての自覚や意識を涵養し、教育方法等の学修が行われるように、個々の大学において、あるいは大学間の連携によって、組織的な取組が求められました。この「学識を教授するために必要な能力を培うための機会」は、

表 2-9　学識を教授するために必要な能力を培うための機会の設定または当該機会に関する情報提供の努力義務化

大学院設置基準改正（2019 年 9 月 26 日）は、大学院博士後期課程の学生を対象とした、学識を教授するために必要な能力を培うための機会（いわゆる「プレ FD」）の設定または当該機会に関する情報提供に努めることを法令上位置づけたものである。改正省令第 2 条の施行日である令和元年 8 月 30 日以後、全ての大学院は、プレ FD の設定または情報提供に努める必要がある。
プレ FD としては、主体的な学びを促すための学生指導法や教材の作成・活用方法等に関するセミナーや授業の開催、教育能力向上のため大学として設計し指導を行う等適切に関与したティーチング・アシスタント（TA）制度等による実践的な教育経験の機会の提供等が想定される。大学院において策定された「三つの方針」を踏まえた上で、プレ FD を授業として単位認定を伴うかたちで開講することは妨げない。
プレ FD の情報提供とは、大学院の規模等により当該大学院でのプレ FD の実施が困難な場合等は、当該大学院博士後期課程の学生が、参加可能な他大学院等で実施されているプレ FD に関する情報提供を行うことを意味する。
各大学院は、プレ FD を自ら実施することだけではなく、教育関係共同利用拠点等の大学間連携の枠組みの活用も見据えて、プレ FD に関する取組の充実を図ることが期待される。

学校教育法施行規則及び大学院設置基準の一部を改正する省令の施行等について（通知）留意事項
https://www.mext.go.jp/b_menu/hakusho/nc/1420657.htm より筆者が作成

「プレ FD」と表現されています。なお、この章の議論には、他書 [5] も併せてご参照ください。

　プレ FD は、大学教員の能力開発をさすファカルティ・ディベロップメント（以下「FD」と略称します。）に「前」を意味する「プレ」を付した造語で、大学教員養成という視点の導入を提案したものです。文部科学省答申によって、FD は義務化（2008 年）されましたが、この答申に「プレ FD」という言葉が登場しました [6]。しかしながら、プレ FD に類する取組は、十数年にわたって答申等で繰り返し課題として指摘されましたが、実質的には機能していませんでした。今回ようやくプレ FD が、FD 推進の取組として位置づけられ、努力義務化されたわけです。大学は、急激な社会変動、イノベーション、グローバル化および学生の多様化など対応すべき多くの課題に直面しており、プレ FD がその課題解決の一つの方策として、重要な位置づけとなることが期待できます。

　文部科学省の調査 [7] によれば、残念ながら、プレ FD 実施校は 35 校（国

公私立大学合計、2016年調査）にとどまっています（図2-2）。博士課程をおく大学は456校（2019年度現在、平成31年度文部科学統計要覧）ですから、プレFDを提供する大学は10％にも満たない状況です。実施されているFDの具体的内容（図2-3）をみても、プレFDが極端に少ないことが明ら

図2-2　プレFDを導入している大学数

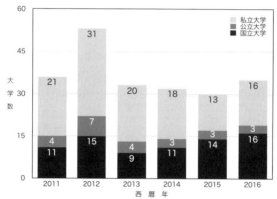

日本の大学では、教育内容・方法等の改善がどれくらい進んでいるのでしょうか。（文部科学省資料 https://www.mext.go.jp/a_menu/koutou/daigaku/04052801/005.htm）より筆者が作成

図2-3　FDの具体的内容（2016年度）

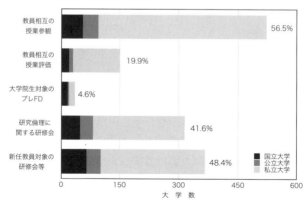

平成28年度の大学における教育内容等の改革状況について（概要）（文部科学省資料 https://www.mext.go.jp/a_menu/koutou/daigaku/04052801/__icsFiles/afieldfile/2019/05/28/1417336_001.pdf）より抜粋して筆者が作成。グラフ中の数字は全大学数に対する割合。

かです。

　プレ FD は、教育支援を担うセンター［全国公私立大学の 87.5％（2016年度時点）が、FD に関するセンターを設置しています[7]。］によって提供されることが一般的で、これに対して十分な体制をとることのできる大学は限られているのも事実です。文部科学省が認定する教育関係共同利用の一環として、東北大学の研修プログラム[8] のように他大学にもプログラム受講を開放する事例もみられるものの高等教育全体としてみれば不十分と言わざるを得ません。以上から、大学教員養成を目的とした大学院生に対し教育研修の機会を提供する大学教員養成プログラムは、現時点においては、十分には機能・普及していない状況にあります。大学には、プレ FD を意義ある形で実施あるいは適切な情報提供を行い、大学院生に対して実効性のある指導を実施する体制の構築が求められています。

　今回の大学院設置基準の改正で注目すべきことは、ティーチング・アシスタント（TA）制度が、実践的な教育経験の機会の提供という視点からプレFD に取り込まれていることです（表 2-9）。大学院生に対する教育研修は、学部教育の充実および大学教育に携わる人材育成の一環として、当初からTA 制度の一部に位置づけられていました（しかし、あまり機能してきませんでした）。その後、TA 制度とは別の体系的な研修を想定した大学教員養成プログラムが平行して実施されてきました。従来のプレ FD の定義では、プレ FD とは、この大学教員養成プログラムをさしていましたが、今回の改正により、実践的な教育経験の機会提供の場として TA 制度が明示的に含まれたことになり、プレ FD は、大学教員養成プログラムおよび教育経験の機会提供としての TA 制度の両者を含むことになります（コラム 2-15）。

> **コラム 2-15**
>
> 努力義務化された**プレ FD** は、分野横断的な**大学教員養成プログラム**と教育経験の機会提供の場としての **TA 制度**の二本立てである。

第2節　大学教員養成プログラム

　日本で最初に大学教員養成プログラムが開講（1999年）されたのは、「ア
カデミック・キャリアゼミ」（広島大学）です[9]。このプログラムは参加者
数の減少等により、4年後に閉講しましたが、その後いくつかの大学[5,10]で
開講されました。これらは受講者の専門領域を問わない分野横断的なプログ
ラムです。一方、特定の専門領域に特化したプログラムとしては、教職課程
教員養成プログラム、看護教員の養成に特化したフューチャーナースファカ
ルティプログラム等があり、その必要性について学会として取り組む動きも
あります[5]。

　わが国で実施されている大学教員養成プログラムの全体像を捉える研究と
して、栗田[11,12]は、5プログラムに関して、その目的・期間、クラスサイ
ズ、内容の詳細など19項目について整理し、プレFDの重点について確認
しています。平岡ら[13]は、9プログラムに関して、授業設計（ID）と教授
技法で分類し、IDの割合が小さいことを指摘し、内容構成の指針について
提案しました。今野[10]は、18プログラムについて、単位認定を伴う「大
学院授業開講型」、授業外の個別プログラムとして実施される「課外プログ
ラム型」、TA制度の上位職階であるティーチング・フェロー（TF）の展開
とともに必要な訓練の機会を提供する「TF制度型」の三タイプに区分・整
理しています。これらの研究から、大学教員養成プログラムの特徴は、ある
程度把握することが可能ですが、いずれもプログラムの構成や特徴の整理を
目的としており、プログラムの効果の検討には至っていません。

　各大学で行われている大学教員養成プログラムは、後述のTA研修と比
較して、体系的に教授法等について学ぶカリキュラムが設計されています。
たとえば、東京大学フューチャーファカルティプログラム（以下「東大FFP」
と略記します。）は、新任教員研修の基準枠組[14]を参考にプログラムを設計
しています[15]。以下では、プレFDのあり方に示唆を与えると考えられる
取組について概略をまとめますので、プログラムの設計やマネジメントに参
照ください。

ブレンド型学習環境

　大学教員養成プログラムの提供にあたって、内容の充実と効率性は重要な課題です。異なる研究環境にある大学院生達に対して、学びやすい環境を提供する方法の一つとして、動画視聴などを活用した模擬授業の実施やアクティブ・ラーニング技法の体験など、ブレンド型学習[16]の適用が考えられます。

　オンライン環境の発展が目覚しく、Open Course Ware や大規模無料公開講座（Massive Open Online Courses, MOOCs）の普及により、知識獲得の機会はオンラインに拡大しています。大学教員養成プログラムに関しても、FD プログラム用に開発されたものも援用可能な部分が多数あり、オンライン公開されたコンテンツがプレ FD に利用されています。オンラインコンテンツとしては、関西地区 FD 連絡協議会が提供する動画教材シリーズ[17]、東北大学の PDP Online[18]、全国私立大学 FD 連携フォーラムの実践的 FD プログラム[19]、東京大学のインタラクティブ・ティーチング[20]などがあり、これらが予習教材として利用可能といえるでしょう。

複数の授業科目から構成されるコース

　授業1科目（1〜2単位）だけでは、大学教員になるために学ぶべき内容に比して、時間的には不十分です。この対策として、大阪大学大学院の「未来の大学教員養成プログラム」は、高度副プログラムとして位置づけて、基礎を学ぶ必修科目6単位に加えて、科学技術コミュニケーションやキャリアデザインなど19科目の中から2単位以上を習得することによって、修了認定証が授与されます[21]。大学院生の受講可能な時間数には制約があり、内容の多角化・専門性への対応には、このようなコース化は一つの可能性を示唆するものです。

修了生コミュニティの構築

　大学教員養成プログラムでは、多様な研究領域から学修意欲の高い受講生が集まることから、いくつかの大学では、学修継続のための場としての修了生コミュニティが形成されています。東大 FFP の修了生ネットワークでは、勉強会の開催、学内図書館や他大学における授業機会、博士課程修了後のキャリアパスに関する書籍の執筆などの活発な活動が行われています。継続

的な FD の場として、教員の学修コミュニティ（Faculty Learning Community, FLC）も注目されます。FLC とは、関心を同じくする仲間とともに学び続ける場 (22) であり、修了後の学びの継続を支えるためにも有効です。

他部局・学外との連携によるプロジェクト

　授業実施は、プレ FD において重要な内容の一つですが、実践機会としては不十分であることは否めません。そこで、他部局あるいは他大学と連携することによって、授業実践の場を創り出すことが、解決方策の一つとして有効です。たとえば、東大 FFP では、学内の図書館や他大学と連携し、プログラム修了生が講師役となってミニ講義を行っています。京都大学においても、文学研究科プレ FD プロジェクトとして、大学コンソーシアム京都との連携により、修了生が半期 15 回の講義全体をデザインする文学部単位互換リレー講義が行われています (23)。

　かつて、アメリカ合衆国では、アメリカ大学カレッジ協会と大学院協会の共同による「将来の大学教員養成（Preparing Future Faculty, PFF）」プロジェクトがありました（1963 年〜 2003 年）。このプロジェクトでは、優れた TA 訓練プログラムを提供している大学を選定し、クラスター（複数の大学・学科・センターなどの機関で構成する連合体）が形成されます (24)。クラスター運営委員会の下で、大学院生は他大学へ出向いて実践的な大学教授職の詳細を学ぶことができました（コラム 2-16）。大学院生は、所属大学の研究指導教員以外の新たな助言者（mentor）を得ることができる仕組みでした。

コラム 2-16

TA 訓練プログラムや PFF プログラムは、**大学教員と大学院学生との間の教育経験のサイクル**を形成することになり、「プレ FD」として **FD を促進する**可能性を秘めている。

　上述の東京大学や京都大学の取組は教育実践に重点が置かれており、他大学の教員の長期的かつ細やかな支援を得るという設計ではないため、参加学生の学びという点ではアメリカのクラスターには及びません。しかし、アメリカのクラスター制は助言者となった教員の負担が大きいという批判もあり

ました。その点、日本の両大学で行われている取組は、提携先の負担が比較的小さく、授業開講あるいは FD 機会を得られるメリットがあります。

SoTL に基づいた研究計画プログラム

Scholarship of Teaching and Learning (SoTL) [25] は、Scholarship of Teaching [26] に Learning を加えて発展させた概念で、大学教員が教育を研究と同様に扱い、その成果を批判・評価・利用することです。この SoTL は、「教育より研究を重視する」という大学教員の姿勢に対し、教育の見方を変えうる取組として期待できます。しかしながら、その内容はプレ FD としては高度であり、FD プログラムとの共催など、実効性を高めていくための検討が必要です。

キャリアパスに関する内省

プレ FD において、大学教員としてのキャリアについて内省を行うプログラムが、いくつかの大学で設定され、その効果検証に関する研究が進められています。東大 FFP では、アカデミック・ポートフォリオ [27] をもとに、短時間に教育と研究、その他の活動およびそれらの連関などを振り返り、キャリアについて考えるために開発された構造化アカデミック・ポートフォリオ・チャート (Structured Academic Portfolio Chart, SAP チャート) が用いられています [28]。SAP チャートの作成によって、大学教員としての今後の展望が可能となり、とくに教育と研究の結びつきについて意識できるなど、肯定的な評価が得られています。

第 3 節　ティーチング・アシスタント (TA) 制度

ティーチング・アシスタント (TA) 制度は、将来大学教員になる存在として大学院生を捉え、養成機能をもたせる方針を導入したものです (表2-10)。文部省 (当時) は、TA 制度普及を目的として、「ティーチング・アシスタント実施要領」(1995 年) を各大学に通達し、予算措置を行いました。この通達に基づいて、多くの大学は TA 制度を導入しました。その結果、TA 制度を活用する大学は、1995 年には 253 大学でしたが、2014 年度には 500 大学近くに達しました。TA の学生数も、約 16,000 人 (1993 年、

表 2-10　TA 制度の目的および実施細目

目　的
優秀な大学院生に対し、教育的配慮の下に教育補助業務を行わせ、学部教育におけるきめ細かい指導の実現や大学院生が将来教員・研究者になるためのトレーニング機会提供を図るとともに、これに対する手当支給により、大学院生の処遇の改善の一助とする。
実施細目
①事前における当該業務に関する適切なオリエンテーションのほか、 ②担当教官による継続的かつ適切な指導助言、 ③ティーチング・アシスタント従事者等からの意見聴取の仕組みの確保、 ④教育的効果を高めるための工夫などを行い、指導教官による恣意的な雇用や単なる雑務処理に終始することなく、本制度の目的に照らした円滑な運用がなされるよう、留意すること

ティーチング・アシスタント実施要領（文部省、1995）より引用

大学院生全体の 13.1％）から約 74,000 人（2004 年、大学院生全体の 30.3％）に増加しました（図 2-4 上図）[(29)]。

　TA 制度の実施細目（表 2-10）からは、学部教育が充実するとともに、理想的なプレ FD の機会提供の場として機能が期待されていましたが、現実には十分には機能しているとは言えず、機能不全が課題として指摘されていま

図 2-4　TA の活用状況：学生数（上図）職務内容（2004 年度、下図）

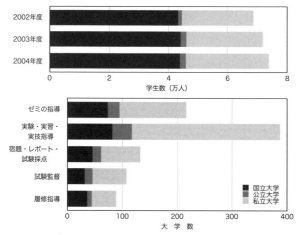

ティーチング・アシスタント（TA）について（文部科学省資料　https://www.mext.go.jp/b_menu/shingi/chukyo/chukyo4/003/gijiroku/attach/1416216.htm）より筆者が作成

す[30]。TA 制度の発足当初から現在に至るまで、実態の把握を目的とした調査研究にとどまり、教育研修としての効果を科学的に検証した研究は見当たりません。

　当初から TA 制度には、「教育の研修機会」と明記されていたにもかかわらず、実質的には、それに当たるトレーニングはほとんどありませんでした。教員側も、制度をどのように活用すべきか理解できないまま、「雑用係」と考え、むしろ「経済的支援」が強調される結果となりました。TA 制度の課題については、他書[5] で詳細に分析しましたので、ここでは、TA の職務内容と教員側の意識について議論します。

TA の職務内容

　TA の職務は 4 段階に区分できます（コラム 2-17）[30]。わが国の大多数の TA は、第 1 段階と第 2 段階にしか従事していないと思われます（図 2-4 下図）。このことは、各大学が実施している TA に対するガイダンスやトレーニングの現状をみても明らかです。ごく例外的な事例を除いて、研修がない、もしくは 1 時間程度の職務説明で終わる場合が大多数です。第 2 段階までであれば、この程度の教育研修で事足りるかもしれませんが、第 3 段階の授業マネジメントとなると、授業実施の職責を果たすために、それなりの教育研修が不可欠となります。また、TA の資質向上を目的としたガイダンス・研修会が実施された事例あるいは TA 活動の成果評価報告は、ほとんど見当たりません。おそらく、組織的な研修プログラム実施より、TA が支援を行う授業の担当教員の個別裁量に依存していることが推察されます。もちろん、TA の業務内容が教育補助業務からより高度な業務への拡大を阻む要素としては、財政的制約、助教職との関係、授業担当資格の問題もあります。

コラム 2-17

TA の職務内容
第 1 段階：ルーティン作業（**雑用業務**）
第 2 段階：授業の**補助業務**
第 3 段階：**授業のマネジメント**
第 4 段階：**カリキュラムのマネジメント**

　第 3 段階すなわち授業により大きな責任を負うティーチング・フェロー（TF）を設ける大学が 2015 年度以後でてきています[5]。これは、本来の TA 制度がめざした方向性であり、全学的な TA 制度を発展させる形で設置されたものです。この TF が、実質的にプレ FD の実践機会として、定着することを期待します。

　筆者の一人が、アメリカ合衆国ハーヴァード大学に留学した時（1976 年）、そこの TA 制度に感動した記憶があります。研究室の教授（生化学担当）は、数百人を対象とした授業を行いますが、その後、10 〜 20 人の小クラス単位で TA が演習を行うわけです。その TA の大部分は、その研究室の大学院生ですから、日常から教授の教育方針等は議論し、理解しているわけです。そして、各 TA には第 3 段階の授業マネジメントが任されているわけです。また、別の大学では、1 週間にも及ぶ研修プログラム（留学生も含む）が用意されており、それを受講することが TA となる前提条件でした。アメリカでは、1960 年以降、TA が量的に拡大し、TA による教育の質が問題になりました。そのため、1970 年以降、訓練・養成プログラムが本格的に実施されるようになったそうです［上述の PFF（p.104）も、その一つです］。なお、アメリカにおける TA のモデル[31]、TA 制度に関する知見[32]、TA マニュアルに関する研究[33]等については、参考文献を参照ください。

　さらに、その教授に届いたポストドクターの推薦状も見せてもらったことがありますが、そこには被推薦人が関係した TA としての職務内容や取組状況が詳しく言及されていました。このような情報から、アメリカでは TA が大学教員の養成に大きく貢献していることを実感しました。

教員の意識改革

　世界の進歩は日進月歩であり、現在の知識やスキルは、どんどん陳腐化してしまいます。したがって、学生には、将来の社会の変化に対応できる「コンピテンシー」をつけさせることが最重要課題です[34]。大学教員をめざす学生達には、その次の世代を担う人材の「コンピテンシー」を育成することが求められるわけです。これが、教員側の最も重要な認識であり、これを前提とした教育研究指導が求められます。

　TA は大学教員の補佐業務ですから、大学教員側の認識が、「将来の大学

教員・研究者としてのトレーニング機会」としての学びの有効性を大きく左右します。トレーニング機会として機能するためには、業務開始前等の研修だけでなく学期中にわたる教員による継続的な指導（スーパーバイジング）も重要です⁽³⁵⁾。京都大学の教員に対して実施された調査⁽³⁶⁾によれば、トレーニング機会として役に立つという認識が6割を超えてはいるものの、改善点として、「職務に関するオリエンテーションの実施」や「教員による継続的な指導や助言の必要性」が多肢選択の中から多く選ばれていました。一方で「学部生の教育や研究指導より大学院生自身の教育・研究に時間を取らせたい」と考える教員も5割近く存在することがわかりました。これは10年以上前の調査ですが、現在でも、あまり変化していない印象です。このような意識が変わること、変えるための取組が、TA制度のみならず、プレFDなどのFD活動を進める上でも重要な課題でしょう。

第4節　プレFDの方向性：博士課程修了者が身につけるべき能力

　プレFDの方向性を議論する前に、大学院博士課程修了者が身につけるべき能力をまとめます（表2-11）⁽³⁷⁾。これは、欧米諸国はじめ世界各国が導入している学位・資格枠組（National Qualifications Framework, NQF）を参考にまとめたものです。なお、表2-11には、博士（レベル8）、修士（レベル7）および学士（レベル6）のみを抜粋してあります。

　NQF開発の動機について、いずれの国にも共通していることは、国内に散在する学位、称号、免状、証書、職業資格の内容や相互の関係性がわかりにくいという「資格のインフレーション問題」から出発しています。その解決の糸口として、コンピテンシー⁽³⁴⁾を基盤としたアプローチが取られていますが、産業界や大学、資格団体、評価団体など多様なステークホルダー間の協議の上で各レベルに求めるコンピテンシーの策定が進められています。

　NQFは、各学位・資格の相互の位置づけと、それぞれに期待する学修成果を明示することで、社会が共有できる資格の付加価値を説明するものです。学位や資格の出口管理不在が指摘される日本の高等教育において、当該資格の保有者に求める学修成果は、教育機関側の一方的な意図だけで完結す

表 2-11　学位・資格枠組のレベル定義（概要）

レベル	知　識	技　能[*1]	責任と自律性[*2]
8	専門的実務／学問分野において最先端のフロンティア。新しい専門的実務や知見につながる分野横断的な視点・知識・理解	研究や革新の重要な課題を解決し、既存の知識や専門的実務を再定義するために必要な、最も高度な専門的技能	専門的実務や学問の最前線で、新しいアイディア・プロセス開発に対する権威、自律性、学術的・専門的な誠実性および持続的な関与
7	高度に専門化された知識。その内いくつかは、仕事／学習分野における知識の最前線。異なる分野の知識・理解	実務／学問分野における主体的・批判的洞察と分野横断的知識の統合。新しい知識や方法論の研究・開発・革新に必要な問題解決技能	複雑で予測不可能な課題に対する革新的な取組が求められる仕事や学習の管理。専門的な知識・実践と管理への貢献・評価
6	理論や原理の批判的思考を含む、仕事／学習分野に関する高度な知識・理解	仕事／学習分野で、複雑で予測不可能な課題の解決のために必要な熟練と革新を実証する高度な技能	技術的・専門的活動を管理し、予測不可能な仕事や学習の場面で意思決定を行う責任。個人や団体の専門的な開発を管理する責任

＊1　汎用的な（認知的）技能および職務上の（実践的）技能を記述
＊2　知識と技能を自律的に、責任を持って適用する能力を記述
各レベルの目安　　レベル8：博士、レベル7：修士、修士［専門職］、
　　　　　　　　　レベル6：学士、学士［専門職］

るのではなく、学修者、労働市場、評価機関、業界団体など、社会を構成する複数のステークホルダーが議論・共有できるプラットフォームとして機能することが求められます。したがって、大学院生の指導教員は、在学中に学生が、「どのような研究をしたか。」ではなく「どのような能力（コンピテンシー）をつけたか。」という情報を発信しなければならないのです。このためには、研究室に閉じこもった活動だけではなく、プレ FD や FD 活動等が不可欠であることが理解できるでしょう。

プレ FD プログラムの成果評価

　プレ FD プログラムを大学院教育の中に位置づけるための必要条件は、その成果を評価・質保証することです。このためには、実施されたプログラムによって、その目的が達成され、効果があがっているのかを検証する必要があります。プレ FD における教育実践機会として位置づけられている TA

制度についても、その目的をあらためて明確にし、その効果検証が実施されなければなりません。

　FD プログラムの効果測定の方法としては、アメリカ合衆国において蓄積があります。一般的な研修プログラム評価枠組のモデル[38] を基に、教師の変化、組織の変化、学生の変化のカテゴリを設定して（表 2-12）、FD プログラムの効果測定を行っています[39]。このような効果測定の実施によって、日本におけるプレ FD プログラム構築を推進することが期待されます。

　大学院生・新任教員は、FD プログラムを受講する時期から考えると、教育経験が浅く学ぶ意欲が高いカテゴリに分類できます[39]。大学教員開始期においては、教師効力感（Teaching Efficacy）が非常に重要であるとされています[40]。教師効力感とは、「教師が学生のパフォーマンスに影響を与える能力があると信じている程度」[41] のことかもしれませんが、大学教授を対象とした測定尺度の開発[42] も行われています。プレ FD においては、教師効力感を培う機会としての検証を行う意義が大きいと考えられます。

プレ FD としての大学教員養成プログラムと TA 制度の再構築

　TA 制度には、「教育の研修機会」と明記されていたにもかかわらず、実質的には TA の主たる業務が授業補助となっていることは上述の通りです（p.107）。このような現状を打開するために、TA の上位職階として、TF を

表 2-12　FD プログラムにおける効果測定モデル

レベル	説　明
教員の変化 　学び 　　　姿勢の変化 　　　考え方の変化 　　　知識の変化 　　　振る舞い	 教授学習に対する姿勢の変化 教授学習に対する考え方の変化 思考、問題解決、精神運動あるいは社会的スキルの獲得 学んだことの授業現場への転移
組織的インパクト	FD プログラムの介入効果に帰属しうる組織におけるより広い変化
学生の変化 　知覚の変化 　学習方略の変化 　学習成果の変化	 教授学習環境に対する学生の知覚に関する変化 学生の学習方略に関する変化 FD プログラムの直接的な結果としての学生の学習成果の改善

Stes ら[39] Table 1 を筆者が日本語訳

設ける大学が増えています（p.108）。これによって大学院生は、アメリカの
TA のように、授業担当の役割を担うことが可能になり、アメリカにおける
段階的な大学教員養成の仕組みに近づきつつあると言えます。日本の場合に
は、軽微な授業補助が TA、授業実施も担える TF という職務の区別があり
ますから、それらの職務とプレ FD プログラムの関係を整理すると図 2-5 の
ようになります。

　大学院生は、最初に TA オリエンテーションなど TA 研修を受講し、授
業を補助する TA として授業に周辺参加的に関わります。次に大学教員養
成プログラム（基礎）を経て、授業担当も含む高度な活動に携わる TF とな
り、修了時には、その活動を深め、総括を行う大学教員養成プログラム（発
展）で締めくくります。TA や TF においては、教員による指導（スーパー
バイジング）や研修が行われることで、日常業務におけるプレ FD としての
学びを継続します。

　このような再構築が進むことで、プレ FD プログラムが目的や難易度など
に応じた整理が可能となります。これによって、プレ FD プログラムは、ア
メリカでは広く普及しているトピックなども位置づけることができ、プログ
ラム改善に資することが期待できます。たとえば、自分の教育活動について

図 2-5　プレ FD プログラムと TA ／ TF 制度の関係

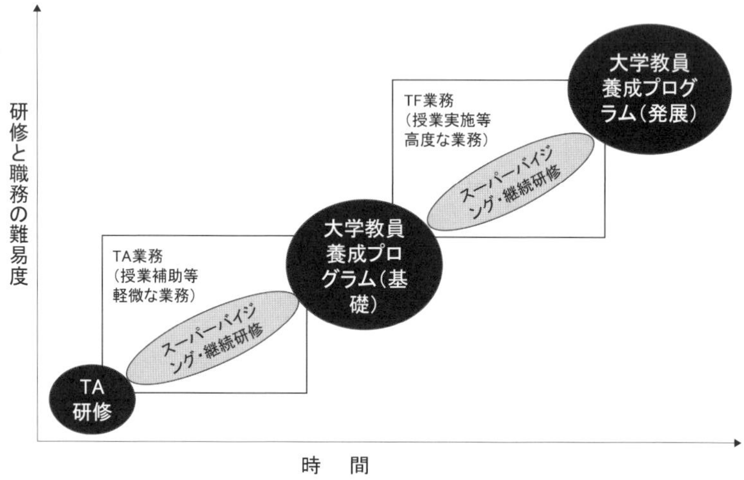

表 2-13　PFF のデザインと評価のための原理

①大学院生のティーチングおよびプロフェッショナルディベロップメントにおいて、根拠に立脚した教授学習のモデルとなること。
②大学院生の学習者の共同体をつくること。
③PFF プログラムの開発や評価において多様性を優先事項として考えること。
④PFF プログラムの開発や評価において学生に主導権を与えること。
⑤PFF の提供機会に関し、そのタイミングや連続性に注意を払うこと。
⑥プログラムの継続可能性を高めるために、大学における様々なレベルでの連携を探ること。
⑦他の大学との連携関係構築を志向すること。
⑧プログラムの開発や評価においては学問領域の差異に注意を払うこと。

Winter ら [44] から引用して筆者が日本語訳

自己省察を行い文書化するティーチング・ポートフォリオ（TP）およびティーチング・ステートメント（TS）は、アメリカの多くのプレ FD プログラムにおいて取り入れられています [43]。TP あるいは TS は、教員採用や昇進などの人事における教育業績評価資料あるいは教育改善のツールとしても活用されており、図 2-5 の大学教員養成プログラム（発展）における TF としての活動の集大成として、これらの作成をプログラムに組み込むことが考えられます。

　大学教員養成プログラムとしては、アメリカの大学院カウンシルがプレ FD プログラムのデザインと評価に関する枠組を公開しています（表 2-13）[44]。これらを参考に日本の文脈に適した基準枠組の構築が期待されます。

全学連携によるプレ FD

　プレ FD プログラムは、分野横断的な内容が求められますから、研究科・専攻ごとより、全学的なセンター等で実施することが効率的です。しかしながら、センター等に丸投げして全てお任せでは、決してうまくいきません。センター等と各研究科・専攻との綿密な連携と当事者の努力が不可欠です。たとえば、TA 制度の運営責任は、研究科・専攻にあり、センター等にはありません。しかし、プレ FD には TA の運用も含まれていますから、両者が無関係にマネジメントすることはできません。具体的な事例として、東京大学フューチャーファカルティプログラム（FFP）[15] を紹介しますので、各大学の制度設計からマネジメントまでの参考としてご利用ください。な

お、詳細は本シリーズの次巻で紹介の予定です。

　東大 FFP は、教育運営委員会や各部局教授会の議論（2 年間）を経て、全学的取組として開始されました。大学教員養成プログラムとしてはむしろ後発でしたが、全学プログラムとしての位置づけ等の種々会議による周知徹底が図られました。運営面でいえば、「研究もできて教育もできる」という学内における広報戦略も成功要因かもしれません。学術振興会特別研究員を優先的に採用という基準を明確に打ち出して、実際に受講者の 4 割以上が特別研究員です。それまでは全学型 FD を進めることは難しかったようですが、東大 FFP を軸として、TA 制度への関与（ティーチング・フェロー制度が始まるにあたり、「TF を担うには、東大 FFP 受講が望ましい。」という条件がつきました。）、新任教職員研修への参画（コンプライアンスや労務管理等に加えて、東大 FFP 関係者が教育に関するトピックを担当しています。）、部局 FD への連携などが推進されています。このような経緯から、受講希望者は毎年定員の 1.4 倍程度となり、安定的に評価の高いプログラムとなっています。また、受講者は文理半々で、分野横断的な構成となっています。受講生の 3 〜 4 割が教員と修了生の紹介によって受講を希望してきています。

　この第二部最後のメッセージは、**コラム 2-18** に示しました。教員の多くが、この「教育力の重要性」を理解する体制ができていないことが、日本の大学の国際的存在感に影響していることが懸念されます。上述のハーヴァード大学教授（p.108）は、ノーベル賞受賞者ですが、自らの教育方針を熱っぽく語っていた姿を思い出します。

コラム 2-18

大学院博士課程の学生に「**教育力**」の重要性を認識させることが最重要課題である。

《注》
(1)　専門職大学院の中には、修士論文を修了要件としない課程もある。
(2)　山野井敦徳『日本の大学教授市場』高等教育シリーズ 142　玉川大学出版会、2007 年
(3)　新時代の大学院教育−国際的に魅力ある大学院教育の構築に向けて−答申（2005）

　　　https://www.mext.go.jp/b_menu/shingi/chukyo/chukyo0/toushin/__
　　icsFiles/afieldfile/2019/04/03/1212701_001.pdf p. 10
（4）　学校教育法施行規則及び大学院設置基準の一部を改正する省令の施行等について（通知）（2019）
　　　https://www.mext.go.jp/b_menu/hakusho/nc/1420657.htm
（5）　栗田佳代子（2020）「大学院生のための教育研修の現状と課題」教育心理学年報　59
（6）　学士課程教育の構築に向けて（答申）（2008）
　　　https://www.mext.go.jp/component/b_menu/shingi/toushin/__icsFiles/afieldfile/2008/12/26/1217067_001.pdf p. 43
（7）　平成 28 年度の大学における教育内容等の改革状況について（概要）
　　　https://www.mext.go.jp/a_menu/koutou/daigaku/04052801/__icsFiles/afieldfile/2019/05/28/1417336_001.pdf
（8）　東北大学高度教養教育・学生支援機構大学教育支援センター（2019）東北大学大学教員準備プログラム
　　　http://www.ihe.tohoku.ac.jp/CPD/pffp/
（9）　福留東土（2009）「未来を担うプレ FD の創造—大学院生大学教員養成研修の在り方と課題—」大学教員養成プログラムの意義と課題、大学コンソーシアム京都　第 14回　FD フォーラム第三分科会
（10）　今野文子（2016）大学院生等を対象とした大学教員養成プログラム（プレ FD）の動向と東北大学における取組み、東北大学高度教養教育・学生支援機構紀要 261-74
（11）　栗田佳代子（2015）プレ FD の現状からみえる課題と目指すべき方向性 RT12 議論、大学教育学会第 37 回大会発表要旨収録 pp.40-41
（12）　栗田佳代子（2015）プレ FD の現状からみえる課題と目指すべき方向性、大学教育学会誌　37　75-78
（13）　平岡斉士他（2014）ID 教育の観点からの日本のプレ FD の課題と改善案、日本教育工学会第 30 回全国大会講演論文集　pp.621-622
（14）　杉原真晃・岡田佳子（2010）新任教員 FD のための「基準枠組」の開発・構成と開発研究の可能性（特集　FD の新しい動向）、国立教育政策研究所紀要　139　49-61
　　　http://ci.nii.ac.jp/naid/40017271951/
（15）　栗田佳代子他（2014）東京大学フューチャーファカルティプログラムの意義と展望、IDE 現代の高等教育 No. 55 pp.46-50
（16）　Graham, C.R. (2006) Blended Learning Systems: Definition, Current Trends, and Future Directions. In Bonk, C.J. Graham, C.R. (Eds.) The Handbook of Blended Learning: Global Perspectives, Local Designs. Pfeiffer Publishing (San Francisco, CA) pp.3-21
（17）　関西地区 FD 連絡協議会（2019）動画教材「シリーズ大学の授業を極める」
　　　http://www.kansai-fd.org/resource/videos/video-material.html
（18）　東北大学高度教養教育・学生支援機構大学教育支援センター（2019）PDP ONLINE
　　　http://www.ihe.tohoku.ac.jp/CPD/PDPonline/

(19)　全国私立大学 FD 連携フォーラム（2019）実践的 FD プログラム
　　　http://www.fd-forum.org/fd-forum/html/practice_lec.html
(20)　東京大学大学総合教育研究センター（2019）インタラクティブ・ティーチング
　　　https://www.utokyofd.com/mooc/attend
(21)　大阪大学未来の大学教員養成プログラム（シラバス）（2019）
　　　https://koan.osaka-u.ac.jp/campusweb/campussquare.do?_
　　　flowExecutionKey=_cC58AEF54-F6DB-1A19-F22B-40CB51C9B2D3_
　　　k36AE0371-11B9-BD23-6766-47F8CC786F08
(22)　Engin, M., Atkinson, F.(2015)Faculty Learning Communities: A Model for Supporting Curriculum Changes in Higher Education. International Journal of Teaching and Learning in Higher Education 27 164-174
(23)　京都大学高等教育研究開発推進センター（2019）コンソーシアム京都との連携による文学部単位互換リレー講義
　　　http://www.highedu.kyoto-u.ac.jp/prefd/literature/consortium/
(24)　Council of Graduate Schools(2019)PFF Web.
　　　http://www.preparing-faculty.org/
(25)　Shulman, L.S.(1999)Taking Learning Seriously. Change: The Magazine of Higher Learning 31 10-17
(26)　Boyer, E.L.(1990)Scholarship Reconsidered: Priorities of the Professoriate. The Carnegie Foundation for the Advancement of Teaching.
　　　https://en.wikipedia.org/wiki/Ernest_L._Boyer
(27)　Seldin, P., Miller, J.E.(2009)The Academic Portfolio: A Practical Guide to Documenting Teaching, Research, and Service. Jossey Bass Publishers (San Francisco, CA)
(28)　Yoshida, L. & Kurita, K.(2016)Evaluation of Structured Academic Portfolio Chart and Workshop for Reflection on Academic Work. Procedia Computer Science 96 1454-1462 https://doi.org/10.1016/j.procs.2016.08.191
(29)　ティーチング・アシスタント（TA）について
　　　https://www.mext.go.jp/b_menu/shingi/chukyo/chukyo4/003/gijiroku/attach/1416216.htm
(30)　近田政博（2007）研究大学の院生を対象とする大学教授法研修のあり方、名古屋高等教育研究 7 147-167。小笠原正明（2007）研究大学における理系の基礎教育とティーチングアシスタントの役割、名古屋高等教育研究 7 249-267
(31)　Buerkel-Rothfuss, N., Gray, P.(1991)Models for Graduate Teaching Assistant (GTA) Training: The 'Real,' the 'Necessary,' and the 'Ideal'. Computer Science　Basic Communication Course Annual
　　　https://www.semanticscholar.org/paper/Models-for-Graduate-Teaching-Assistant-(GTA)-The-Buerkel-Rothfuss-Gray/ae0f24c0119248d5e4618bb6529b45ad12ac63f6
(32)　Park, C. (2004) The graduate teaching assistant(GTA): lessons from North American experience. Teaching in Higher Education 9 349-361
　　　https://doi.org/10.1080/1356251042000216660
(33)　Lowman, J., Mathie, V.A. (1993) What Should Graduate Teaching

Assistants Know About Teaching? Teaching of Psychology 20 84-88.

(34)　コンピテンシーとは、「単なる知識や技能だけでなく、様々な心理的・社会的なリソースを活用して、特定の文脈の中で複雑な要求（課題）に対応することができる力」と説明されいる。Glossary 4th Edition 高等教育に関する質保証関係用語集 http://www.niad.ac.jp/n_kokusai/publish/no17_glossary_4th_edition.pdf p. 54。一般的に、ヨーロッパでは competence（コンピテンス）、アメリカでは competency（コンピテンシー）とよぶ。本書では「コンピテンシー」を使う。

(35)　White, J., Nonnamaker, J. (2011) Supervising Graduate Assistants. New Directions for Student Services 136 43-54.

(36)　子安増生、藤田哲也（1997）ティーチング・アシスタント制度に関する京都大学教官の意識調査、日本教育心理学会第 39 回総会発表論文集　p. 287　https://doi.org/10.20587/pamjaep.39.0_287。子安増生他（1997）京都大学教官を対象とするティーチング・アシスタントに関する調査（1）質問紙調査のデータ分析、京都大学高等教育研究 3 64-76 http://hdl.handle.net/2433/53522。前平泰志他(1997)京都大学教官を対象とするティーチング・アシスタントに関する調査（2）自由記述内容の分析、京都大学高等教育研究 3 77-85 http://hdl.handle.net/2433/53523

(37)　資格枠組のレベル定義（概要）（2019） https://qaphe.com/wp-content/uploads/competency2019attachment-b.pdf

(38)　Kirkpatrick, D.L., Kirkpatrick, J.D. (2006) Evaluating Training Programs: The Four Levels Third Edition. Berrett-Koehler Publishers (San Francisco, CA)

(39)　Stes, A. et al (2010) The impact of instructional development in higher education: The state-of-the-art of the research. Educational Research Review 5 25-49
https://doi.org/10.1016/j.edurev.2009.07.001

(40)　Lindsley, D.H. et al (1995) Efficacy-Performing Spirals: a Multilevel Perspective. Academy of Management Review 20 645-678
https://doi.org/10.5465/amr.1995.9508080333

(41)　Berman, P. et al (1977) Federal Programs Supporting Educational Change, Vol. VII: Factors Affecting Implementation and Continuation p. 137

(42)　Burton, J.P. et al (2017) Developing Personal Teaching Efficacy in New Teachers in University Settings. Academy of Management Learning and Education 4 160-173
https://doi.org/10.5465/amle.2005.17268563

(43)　吉良直他（2019）米国研究大学における大学院生対象のティーチング・ポートフォリオ / ステートメント作成支援に関する研究、東洋大学文学部紀要 72　1-8

(44)　Winter, K. et al (2018) Preparing Future Faculty: A Framework for Program Design and Evaluation at the University Level.
https://cgsnet.org/ckfinder/userfiles/files/CGS_PFF_ASL_Framework_WP_v4_ForWebsite.pdf

第三部

研究マネジメント

　世界的な第四次産業革命の中で、イノベーションとグローバル化が急速に進展し、社会全体が変革に迫られています。イノベーションとは、Joseph Alois Schumpeter（1883-1950、オーストリア出身の経済学者）が定義したもので、経済活動の中で生産手段や資源、労働力などのそれまでとは異なる方法での新しい結合を示します。すなわち、物事の「新結合」「新機軸」「新しい切り口」「新しい捉え方」「新しい活用法」などを創造する行為をさします。わが国では、当初「技術革新」と日本語訳されたために、新しい技術の発明と理解される傾向がありますが、それだけではなく、新しいアイディアや社会的意義のある新しい価値を創造し、社会的に大きな変化をもたらす自発的な人・組織・社会の幅広い変革・革新を意味しています（主にWikipediaによる）。したがって、科学イノベーションは、「科学的な発見や発明等による新たな知識を基にした知的・文化的価値の創造と、それらの知識を発展させて経済的、社会的・公共的価値の創造に結びつける革新」と定義され、学術研究による知の創出が基盤となって、それが充実して初めて経済的価値あるいは社会的・公共的価値を含むイノベーションに繋がります。

　20世紀におけるイノベーションの代表的な事例としては、自動車・航空機の発達、宇宙開発、エレクトロニクス、コンピューター、インターネット等々でした。一方、21世紀社会では、地球レベルの異なる課題に対するイノベーションが迫られています。これらすべての課題は、既存の特定分野の知識・スキルのみでは解決できない分野横断的問題ばかりで、イノベーション創出のためには、創造的な科学技術を始め自然科学、人文科学、社会科学の広範な学術の連携・融合が不可欠です。このような社会状況の下で、学術研究を推進する機関としての大学に、大きな期待が寄せられています。各大学は、それぞれ特色と強みをもっているわけですから、自らそれらを分析した上で、組織としての研究戦略を立案し、その戦略に基づいた研究実施・マネジメントが求められます。マネジメントには、教学マネジメントの場合と同様に、研究成果の質保証や情報発信も含まれます。

第 1 章　イノベーション創出に貢献する学術基礎

　国際連合教育科学文化機関（UNESCO）と国際科学会議（ICSU）の共催による世界科学会議（ブダペスト会議、1999 年）において、政府、科学者、産業界および一般市民が集まり、科学が直面しているさまざまな問題について、その理解を深めるとともに、戦略的な行動が討議されました[1]。この会議で宣言[2]が採択され、それまでの「知識のための科学—進歩のための知識」に加えて、「平和のための科学」、「開発のための科学」、「社会における、社会のための科学」という言葉が登場し、科学に大きな変化が起こるというメッセージが発信されました。さらに、科学者には新たな社会的責務（Social Responsibility）があるとしています。これは、社会の具体的な問題解決に役立つ研究活動を通じた科学による新たな社会的・公共的価値の追求を意味しています。

　上記のブダペスト宣言は、2015 年の国連総会で採択された持続可能な開発目標（Sustainable Development Goals, SDGs）につながっています。20世紀では基本的には各分野における「最先端の研究」が目標でしたが、21世紀は「持続可能な開発のための研究」の必要性が強く認識されていますから、この視点に立った研究マネジメントが求められています。さらに、オープンサイエンス（open science）の概念[3]が急速に広がっており、研究成果を可能な限り社会に対して公開し、その恩恵を広く社会で共有することを視野に入れたマネジメントが必要です。第二部第 1 章（コラム 2-4、p.78）でも強調しましたように、大学における研究にも、「開かれた濃密さ」によって、新しい「知」の創造、継承、発展に貢献することが要望されているのです。

　大学のミッションは教育・研究・社会貢献の三本柱です。これら三本の柱は別々に立っているわけではなく、協同的に大きな屋根（大学全体）を支えなければなりません。したがって、研究成果は、教育や社会貢献にも反映されなければ意味がありません。第二部では社会が求めている人材を育成する

教学マネジメントを議論しました。この第三部第1章では、大学における研究マネジメントの全体像を解説し、研究実施のための組織やインプット（資金、設備等）の課題を中心に議論を進めます。

第1節　大学における研究マネジメント

　大学においては、教育と研究は表裏一体の関係にあります。日本の大学に共通しているフンボルト理念は、「研究を進める過程を通じて教育をする。」という知性の開発方法に独創性があります（p.72）。大学は、次世代の社会を背負って立つ人材を育成する責務をもっているわけですから、明確な使命を果たすための研究のみならず、同等あるいはそれ以上に将来の社会の方向性を視野に入れながらの知的好奇心から発する研究を推進しなければなりません。このような研究を推進するためのマネジメント概略図を示します（図3-1）。研究マネジメントとは、この図に示した全ての作業を含んでおり、研究実施に直接関わる作業だけではありません。ここで「大学」とは、必ずしも大学全体だけを意味していません。学内の各組織（たとえば、学部、研究所など）単位で対応すべき内容もあります。とくに、多様な組織から構成されている大規模大学では、もちろん全学的マネジメントは必要ですが、組織

図 3-1　大学における研究マネジメントの概略

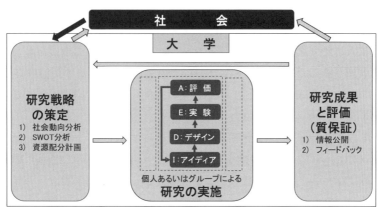

毎のマネジメント体制が不可欠です。

研究戦略の策定

　日本では、研究を個々人の自発的な活動として捉える文化的風土をもっていましたから、今までは、組織を構成する研究者の研究実績を基本として、それらの積み上げと発展である比較的短期的な研究計画が主流でした。これに対して、欧米では、社会や市民への研究成果を還元する取組が積極的かつ組織的に行われています。21世紀は知識を価値の主体におく知識（基盤）社会ですから、大学の研究活動によって産み出される成果を社会に積極的にフィードバックすることが大学人の責務となっています。

　最初に重要な作業が研究戦略の策定です。現在から未来に向けての社会動向を分析し、かつ自組織の特色や強みを把握するための SWOT 分析 [4] が必要です。このような分析結果をもとに資源配分計画を策定しなければなりません。この策定には、もちろん学長、学部長、研究所長などのリーダーシップは重要ですが、構成員全員の参加による意思統一・合意形成のプロセスが不可欠です。これによって、自分達がやりたい研究だけではなく、さらに短期的に役立つ研究のみならず、社会が真に必要としている中長期的な研究計画の立案が可能となります。この中長期的計画に関する情報を積極的に発信し社会の理解を得ることも、マネジメントの重要な業務内容の一つです。

　現在、多くの大学や研究機関で研究戦略部門が設置されています。今後は、この部門を有効に機能させるような体制の構築とともに構成員の意識改革も必要です。

研究の実施

　中長期的な研究計画に基づいて、個人やグループ毎に研究を実施することになりますが、これに伴うマネジメントについては、第2節以下に詳しく議論します。ここで強調しておきたい点は、研究推進には、「着想」「思索」「試行錯誤」「評価」等の「効率」とは異なる本質的に時間を要する行為が必須です。商品の大量生産を管理する PDCA（Plan-Do-Check-Act）サイクルとは違って、IDEA（Idea-Design-Experiment-Assessment）サイクル [5] を回す必要があります。研究は大まかに三段階に分類できます（表3-1）。開発研究からさらに進んで、製品化研究・商品化研究などの社会実装のため

表 3-1　研究段階からみた研究分類

基礎研究	特別な応用、用途を直接に考慮することなく、仮説や理論を形成するため、または現象や観察可能な事実に関して新しい知識を得るために行われる理論的または実験的研究
応用研究	特定の目標を定めて実用化の可能性を確かめる研究や、すでに実用化されている方法に関して新たな応用方法を探索する研究
開発研究	基礎研究、応用研究および実際の経験から得た知識を活用し、付加的な知識を創出して、新しい製品、サービス、システム、装置、材料、工程等の創出または既存のこれらのものの改良を狙いとする研究

総務省統計局（2019）　令和元年科学技術研究調査　用語の解説

の研究もあります。もちろん、複数の段階の要素をもった研究も当然あります。

　それぞれの研究プロセスで、IDEA サイクルが回っていることが重要です。一連の研究活動によって得られたアウトプット、アウトカムズやそれらの評価（アセスメント）結果は、新しい研究を始めるための「アイディア」に活用されなければなりません。

　大学（あるいは各組織）では、その規模に応じて、性格の異なる多彩な研究をもつようなマネジメントが求められます。たとえば日本学術振興会は、研究の性格によって、研究者の自由な発想に基づく研究（学術研究）（Curiosity-Driven Research）と政策課題対応型研究開発（Mission-Oriented Research）に区分しています[6]。元日本学術会議会長の金澤一郎氏[7]は、前者を「好奇心に突き動かされた研究」、後者を「明確な使命を果たすための研究」と記述し、「好奇心に突き動かされた研究」を大切にしないと、将来の日本の科学のみならず、日本の社会そのものを担う次世代の若者達が育たなくなることを大変懸念しています。

研究成果と質保証

　多彩な研究活動によって得られた研究成果は、組織としての評価・質保証とともに、情報公開し、社会にフィードバックする必要があります。社会に対する情報公開とフィードバックに加えて、これらを新たな戦略策定に資することも重要なマネジメント業務です。

　第三者による研究の評価（質保証）については、2000 年に大学改革支援・

学位授与機構（当時　大学評価・学位授与機構）が発足して、大学の研究評価制度が確立しています。国立大学および大学共同利用機関の研究評価については、各機関が設定している「研究水準及び研究成果等」に関する目標・計画の達成状況や、内部組織ごとの現況を分析しています。高等専門学校については機関別認証評価の中で、一部の公立・私立大学については大学機関別選択評価で実施しています [8]。

　研究力分析に関する知見は多数あり、分析手法も発達しています [9]。科学技術・学術政策研究所（NISTEP） [10] は、国レベルの科学研究のベンチマークを行い、世界における日本の存在感を量的・質的側面から把握していますので、自大学の立ち位置を確認した上で、質保証あるいは戦略策定に活用できます。

　マスコミ、企業、大学、第三者機関などさまざまな機関が、大学に関するランキングを発表しています [11]。これらの中で、国際的に幅広い影響力のある総合ランキングとしては、THE 世界大学ランキング［高等教育専門誌 Times Higher Education（イギリス）が論文データベースとして Elsevier B.V.（オランダ）と提携して実施］、QS 世界大学ランキング［Quacquarelli Symonds Ltd（イギリス）が高等教育関連の情報をウェブやイベントを通じて発信］、世界大学学術（上海交通大学）ランキング［上海交通大学（中国）高等教育研究院世界一流大学研究センターが実施］があります。これらのランキングの指標には、研究に関する指標も採用されていて、教員一人あたりの論文数、教員一人あたりの研究収入、研究者からの評価、論文被引用数、ノーベル賞やフィールズ賞を受賞した卒業生数・教員数等があります。

　大学の国際競争力を知るために、国際的大学ランキングに関心が集まっており、結果が発表されるたびに、マスメディアが日本の大学の順位変動を報道しています。このランキングの結果が、大学に対するネガティブな材料として言及される機会も多くなっています。このような状況もあって、大学人はランキングに嫌悪感をもつ傾向がなきにしもあらずです。また、英語圏で作られるランキングは、日本の大学には不利であるという"恨み節"も聞こえてきます。ランキングに対する批判には一面の真実もありますが、嫌悪感をもったり、嘆いてばかりしていても生産的ではありません。それぞれのラ

ンキングの性格や限界を十分理解した上で、教育研究の質の改善・向上に活用すべきです。ランキングの問題点、活用する時の留意点、活用事例等については前書[11]で議論しましたので、ご参照下さい。

第2節　研究実施のための組織、施設、資金等とマネジメント

　研究行為には、さまざまな構成要素が必須で、主な物理的要素として、①研究者（研究支援者）、②研究場所（研究室）、③研究機材・資材、④研究資金等があげられます。研究者には研究を行う空間が必要です。総じて実験や観察を行う理系の研究者は、文系の研究者に比べて全体的に広い研究室が必要です。自然科学系の分野によっては大型の研究機器や設備を設置する実験室等も必要です。実験や分析を行う分野では、分析機器や解析機器等の研究機材が必要ですし、高価な試薬も必要となります。これらの研究関係従業者の人件費、研究室の賃貸料、備品費、消耗品等の費用を支払うには研究資金が必要です。このように研究活動は、さまざまな人々に支えられ、かつ多様な要素に依存しているわけですから、マネジメントなくして研究は進まないと言っても過言ではありません。

　大型の研究機器や設備が必要な研究ばかりではありません。歴代のノーベル賞受賞者を観ても明らかです。異なる分野の研究者達とのネットワーク等から産み出された研究成果は枚挙の遑（いとま）がありません。研究成果を産み出す場所は狭い研究室だけではないわけです。したがって、画一的な研究マネジメント手法があるのではなく、それぞれの組織の特色や強みを視野に入れ、異なる研究スタイルに相応しい研究マネジメントが必要です。

研究組織

　研究活動は、研究者本人だけではなく、研究補助者、技能者、研究事務その他の関係者など多彩な人々の協力によって支えられています（表3-2）。文部科学省は、研究活動に従事する者を「研究関係従業者」とよんでおり、研究者および研究支援者（研究補助者、技能者、研究事務その他の関係者）が含まれます。総務省統計局2019年（令和元年）科学技術研究調査[12, 13]によると、日本の研究者数は87万4,800人（2019年3月31日現在）で10

表 3-2　研究関係従業者

研究者	大学（短期大学を除く）の課程を修了した者（またはこれと同等以上の専門的知識を有する者）で、特定の研究テーマを持って「研究」を行っている者
研究補助者	研究者を補佐し、その指導に従って研究に従事する者
技能者	研究者、研究者以外の者であって、研究者、研究補助者の指導および監督の下に研究に付随する技術的サービスを行う者
研究事務その他の関係者	上記以外の者で、研究関係業務のうち庶務、会計等に従事する者

総務省統計局「科学技術研究調査」における分類

年前と比較して 3 万 5,800 人（4.0％）増加しています。しかしながら、企業部門の研究者数が、EU 諸国、中国、韓国などと比較して [14]、近年横ばいあるいは減少傾向にあり、わが国の研究力の増強や維持にとって大きな課題と言えます。

研究施設・設備

　大学は、教育・研究・社会貢献をミッションとしており、学術研究の中心です。大学院が設置されている大学では、大学院を中心に各研究科で研究が行われています。文学部・文学研究科がある大学等では、考古学研究施設が設置されている例もあります。医学部・医学研究科には附属病院が必ず併設されており、病院では診療行為とともに臨床研究を中心とした研究が行われています。全学レベルの研究施設としては、遺伝子実験施設（組み替えDNA 実験は、遺伝子組換え生物等の使用等の規制による生物の多様性の確保に関する法律に基づき規制されている。）、RI（ラジオアイソトープ）実験施設（放射線障害を防止するために、放射性同位元素の規制に関する法律等によって規制されている。）、動物実験施設（実験動物関連法規によって規制されている。）など種々の法的規制に基づいて設置されている施設があります。大学等には大学附属の研究所（「附置研」とよばれます。）が設置されており、特定の分野に特化した研究機関として教育研究活動を展開しています。これらの施設や研究所は、それぞれ固有の業務をもっており、これらの業務に合わせた適切なマネジメントが必要です。

　大学共同利用機関法人（自然科学研究機構、人間文化研究機構、高エネルギー

加速器研究機構、情報・システム研究機構）は、複数の研究所等から構成されています。これらの研究所は、大型測定機器や高速計算機など非常に高額で大学単独では購入が難しい研究施設を整備、あるいは貴重な文献や資料を収集保存することによって、学術研究の発展・振興に資するという国家政策に基づく研究機関です。これらの研究機関では、大学等との共同研究が実施されており、それぞれ固有のマネジメント体制によって運営されています。

研究資金

　研究者が研究を行う上で研究費が必要となります。研究資金は、拠出する機関（以下「研究助成機関」とよびます。）や研究資金の性格に関する情報を十分理解した上で、申請することが肝要です（図 3-2）。文部科学省以外に、内閣府、総務省、厚生労働省、農林水産省、経済産業省、国土交通省、環境省、防衛省が競争的研究費制度を運用しています[15]。

　日本学術振興会は、日本の代表的な研究助成機関で、学術研究を担う科学研究費補助金（以下「科研費」と略記します。）の業務を行っています。科研費は、政府全体の競争的資金の 5 割以上を占めるわが国最大規模の競争的

図 3-2　文部科学省が所管する競争的資金（2019 年 4 月現在）

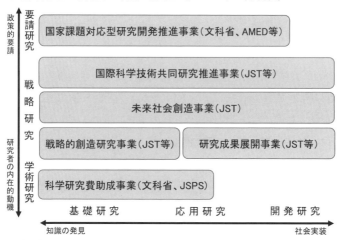

AMED：国立研究開発法人日本医療研究開発機構　JSPS：独立行政法人日本学術振興会
JST: 国立研究開発法人科学技術振興機構
https://www.mext.go.jp/a_menu/02_itiran.htm

資金制度です。2019 年（令和元年）度予算額は 2,372 億円でした。2018年（平成 30 年）度には科研費の主な研究種目で約 10 万 4 千件の新たな応募があり、このうち約 2 万 6 千件が採択（採択率約 25％）されています。すでに採択され、数年間継続している研究課題と併せると、約 7 万 5 千件の研究課題が科研費によって支援されていて、わが国の学術研究を推進する上で非常に重要な研究資金です。科研費制度は常に改善されており、若手研究者への重点的支援や国際共同研究の推進等の項目が設定されていますので、絶えず情報を把握しておく必要があります。

　大学・大学共同利用機関等における代表的な研究資金として、国立大学法人等に対する政府からの運営費交付金があります。もちろん運営費交付金には、研究だけではなく、教育や社会貢献の費用も含まれています。2019 年度交付額は 1 兆 971 億円でしたが、国立大学が法人化した 2004 年度に比べて 1,444 億円減少しています。このように、運営費交付金が減少し、上述の競争的資金が増加するのが最近の傾向であり、国立大学への運営費交付金と公的機関からの研究費収入等の合計額は増加しています [16]。したがって、運営費交付金のみに頼るのではなく、競争的資金を視野に入れたマネジメント改革を推進することが、今後の日本の大学の国際的な存在感にも関わる大問題です（コラム 3-1）。

コラム 3-1

国立大学は、運営費交付金に頼る経営方針から脱却し、21 世紀の国際的な大学マネジメント体制への改革が必要である。

　政策課題対応型研究開発の競争的資金である特定の目的のための公募型研究資金の代表は、科学技術振興機構の研究開発資金です [17]。多様な研究開発プログラムがありますが、国が定める戦略的な目標等の達成に向けた、革新的技術シーズの創出をめざす研究開発プログラムである「戦略的創造研究推進事業」がその代表で、CREST、さきがけ、ERATO 等などの事業があります。

　民間の研究ファンドも多数あり、研究助成を行っています。たとえば環境

分野では、公益財団法人日本生命財団 [18] が、人口減少社会における持続可能な地域づくり、気候変動の影響や自然災害に対する適応力の強化をめざした研究助成を行っています。世界規模の研究助成事業もあり、その代表的なものが Horizon 2020 [19] で、全欧州規模で実施されている研究およびイノベーション促進を目的としたフレームワークプログラムです。2014 年より 2020 年までの 7 年間にわたり、約 800 億ユーロの助成がなされるとともに、民間からの投資も見込まれています。「優れた研究の着想を市場化につなげ、より多くの飛躍的進歩、発見、世界初の成果などが得られることが約束されます。」と謳われています。

　インターネットを用いた研究資金を集める方法として、クラウドファンディングが利用されています [20]。これは、crowd（人の集まり）と funding の合成語で、不特定多数の人がインターネットを通じて他の人々や組織に財源の提供や協力などを行うことです。このクラウドファンディングを活用して、研究を推進している大学もあります。

研究資金の不正使用および研究（論文）不正

　研究資金は、公的資金の場合は税金から支出されているわけで、適切に使用されなくてはなりません。しかしエシックスリスク（ethics risk）とも言うべき、研究費の不適切な使用は枚挙に遑がありません。研究費の不適切な使用の代表的なものには、①預け金、②カラ謝金、③カラ出張があります。①預け金は架空発注により業者に研究資金を預けることです。つまり、実際には物品等は購入していないのに領収書を徴してその金額分を相手先の会社等に預け、後日、受け取り使用することです。これは日本の公会計制度が年単位であることにも関係していますが、科研費では基金化によってこの制度上の問題は改善されました。業者に対する預け金を防止するために、大学等には検収センターが設けられ、伝票と物品の照合が行われています。②カラ謝金は研究協力者に支払う給与について、実際より多い作業時間を出勤簿に記入して請求することや、実際には作業を行っていないのに給与を支払う行為です。③カラ出張は実際に要した金額以上の交通費を請求することや実際には行っていない旅費を請求する行為です。このような行為を行った場合、刑事告発や不適切な使用によって得た金額の返還とともに、研究者に対

表 3-3　不正使用を行った研究者に対する応募資格の制限（不正使用および不正
　　　　受給への対応）

応募制限の対象者	不正使用の程度と応募制限期間
不正使用を行った研究者と共謀者	私的流用の場合、10 年 私的流用以外で： ①社会への影響が大きく、行為の悪質性が高い場合、5 年 ②①及び③以外の場合、2～4 年 ③社会への影響が小さく、行為の悪質性も低い場合、1 年
不正受給を行った研究者と共謀者	5 年
善管注意義務違反*を行った研究者	不正行為を行った者の応募制限期間の半分（上限 2 年、下限 1 年、端数切り捨て）

不正使用を行った研究者に対する応募資格の制限の改正について
https://www.mext.go.jp/component/a_menu/science/detail/__icsFiles/afieldfile/2013/
03/26/1332428_1.pdf
*善管注意義務違反とは、自らは不正使用に関与していない場合でも、研究資金の管理責任者としての責任を全うしなかった場合。

する応募資格の制限の措置が取られます（表 3-3）。当然、預け金に加担した業者にもペナルティ（たとえば、取引の一定期間の停止等）が課せられることにもなり、大学のマネジメント能力が問われることにもなります。このような研究費の不適切使用が増えるごとに、研究費の使用方法に対する規制が厳しくなり、多くの善良な研究者の研究に影響が出てきます。

　研究費の不正使用と並んで、研究のエシックスリスクに研究（論文）不正があります。主なものとして、捏造、改ざん、盗用等があげられますが、すでに前書 [21] で詳細に議論しましたので、ご参照下さい。文部科学省は「研究活動の不正行為への対応のガイドラインについて」[22] を公表しています（コラム 3-2）。医学や臨床に関わる研究不正行為は、人の命や健康に及ぼす影響があり、きわめて悪質な行為と言えます。その他、機関のルールによっては、不正行為とすることもある二重投稿または重複投稿（同一の論文を、複数の学術誌に投稿すること）、不適切なオーサーシップ（論文内容に関与しているかではなく、研究内容とは関係のない利害関係に基づいて、論文の著者とすること）など、一般的な「研究者倫理に反する行為」もあります。研究不正は、研究者自身の問題にとどまらず、機関にも大きな影響を及ぼしますので、これらを防止するためのマネジメントも非常に重要です。

> **コラム 3-2**
>
> **研究における不正行為**は、真実の探求を積み重ね、新たな知を創造していく営みである**科学の本質に反するもの**であり、人々の**科学への信頼を揺るがし、科学の発展を妨げ、冒瀆するもの**であって、許すことができないものである。

第3節　若手研究者の育成とリサーチ・アドミニストレーター

　大学には、社会の発展に資する研究成果をあげるだけではなく、将来の研究を支える若手研究者の育成という重要な任務もあります。文部科学省と科学技術振興機構は、2011 年から若手研究者育成のために科学技術人材育成費補助金としてテニュア・トラック普及・定着事業 [(23)] を開始しました。テニュア・トラック制とは、公正で透明性の高い選考方法によって採用された若手研究者が、より安定的な職を得る前に、任期付きの雇用形態で自立した研究者として経験を積むことができる仕組みです（表 3-4）。任期は 5 年で3 年目に中間評価を行う場合が多く、助教もしくは准教授で採用される場合が多くなっています。当初は、若手教員ではなく若手研究者ということで制度設計されましたので、多くの行き違いがありましたが、現在では順調に運用されています。

　日本の大学等の研究マネジメントの課題の一つは、リサーチ・アドミニストレーター（University Research Administrator, 以下「URA」とよびます。）です [(24)]。近年、URA が導入されている研究機関はいくつかありますが、大部分の大学等では、研究者自身が URA 業務をこなしているのが実態です。URA の主な業務は、研究戦略策定に関わる社会動向の分析や自大学の

表 3-4　テニュア・トラック制の応募要件

①博士号取得後 10 年以内の若手研究者を対象とする。
②一定の任期を付した雇用とする。
③公募を実施し、公正・透明な選考方法を採用する。
④研究主宰者として、自立して研究活動に専念できる環境が整備されている。
⑤任期終了後のテニュアポスト（安定的な職）が用意されている。

文部科学省　テニュア・トラック普及・定着事業

研究力分析および研究成果の情報発信とフィードバック（図 3-1、p.122）です（コラム 3-3）。もちろん、学長あるいは学部長が資源配分を決定するために必要な資料・データの提供も業務です。したがって、研究支援や研究に係る行政手続き等を行う職種とは異なるものです。URA は今後、日本の研究機関の研究力の強化に重要な役割を果たすことが期待されます[25]。

コラム 3-3

リサーチ・アドミニストレーター（URA）とは、
大学等において、研究者とともに（専ら研究を行う職とは別の位置づけとして）
研究活動の企画・マネジメント、研究成果活用促進を行うことにより、
研究者の**研究活動の活性化や研究開発マネジメントの強化**等を支える人材

第 4 節　研究成果とその評価（質保証）

　研究によって、新たな知見、作品、技術等が産み出されます。このような研究成果は、一般的には学会発表あるいは論文という形で公表され、周知の事実となります[26]。研究者は、その論文に適した学術雑誌に投稿し、審査を受けます。その論文が当該の学術雑誌に掲載される価値があると判定された場合に、掲載・公表されます。公表された論文は、後続の研究者から評価され、価値の高い研究であれば、後続の研究者達の研究論文に引用（citation）されます（逆に批判的な研究に対する負の評価もあり得ることに注意しておく必要があります）。重要な内容を含む論文は、それが価値をもつほど、多くの論文から引用されることとなり、引用された論文は引用文献として表示されます。論文の引用数が多いほど、その論文の価値が高いとみなされます。

　このため、引用数は、論文数と並んで研究力を示す代表的な指標として、一般的に用いられています。引用数に関する指標は、さまざまなものが多数ありますが、それらの中で主なものは、相対被引用度、Top 10％補正論文数（率）、FWCI、等があります（表 3-5）。これらの指標を用いる場合には、それぞれの指標のもつ特徴をよく理解して使用することが肝要です。

表 3-5　学術雑誌や論文の引用に関わる代表的な指標

インパクトファクター (Impact Factor：IF)	学術雑誌の影響度を表す。特定の 1 年間において、ある特定雑誌に掲載された「平均的な論文」が引用される頻繁を示す尺度。Clarivate Analytics の引用文献データベース Web of Science 収録データより算出 (https://clarivate.jp/products/web-of-science-citation-connection/)。ある雑誌の 2008 年の論文数：A、その雑誌の 2009 年の論文数：B、その雑誌が 2008 ＋ 2009 年に掲載した論文の 2010 年の延被引用回数：C、C/（A ＋ B）＝ 2010 年のインパクトファクター
相対被引用度 (Category Normalized Citation Impact：CNCI)	Impact：ある分野の研究機関に所属する研究者の 1 論文あたりの平均引用数（総被引用数／総論文数）。Impact Base：この分野の引用の世界平均。Relative Impact：相対インパクト（Impact ／ Impact Base）により、異なる研究機関、研究分野同士で比較可能。世界平均 1.0 を超える研究分野は世界平均以上の論文インパクトを獲得。
Top 10%（1%）補正論文数（率） (% Documents in Top 10 %)	総論文数に占める被引用回数 Top 10%または Top 1%論文の割合。Top 10%（1%）補正論文とは、論文の被引用数が各分野の上位 10%（1%）に入る論文の抽出後、実数で論文数の 1/10（1/100）となるように補正した論文数。分野毎に平均被引用数が異なるため、その違いを標準化する。ある分野・ある出版年の論文が 500 報あった場合、その中で論文被引用数上位 50 位までが Top 10%上位 5 位までが Top 1 %。http://www.nistep.go.jp/sti_indicator/2015/RM238_42.html
Field Weighted Citation Impact（FWCI）	1 論文あたりの被引用数を、同じ出版年・同じ分野・同じドキュメントタイプの論文の世界平均で割った数値。世界平均＝ FWCI 1

　論文数は、研究者個人あるいは研究機関の研究力を示す量的指標の一つとなります。論文数の計算は、論文データベースによって考え方が異なりますから、注意が必要です。論文には、単独の著者による単著論文と、複数の著者からなる共著論文があります。共著論文の論文数を計算する際には、各著者をそれぞれ 1 とするか、著者数で割った数（たとえば、5 人共著の場合、各々は 1/5）とするかによって結果は異なります。前者を整数カウント、後者を分数カウントとよび、たとえば研究機関同士で論文数を比較する場合に結果が異なってきます。近年は共同研究が増えており、「キロペーパー」とよばれる 1,000 人以上の著者による論文が出現しています[27]。たとえば、

欧州原子核機構（世界最大規模の素粒子物理学の研究所）のヒッグス粒子に関する論文では、5,154名の著者（33ページの論文中、24ページが著者名とその所属の記載）が並んでいます。

　掲載論文を ウェブ上に無料で掲載している学術雑誌を「Open Access Journal（OAJ）」とよんでいます。インターネット環境が整備され学術雑誌のオープンアクセス化が進む中で、以前と比べ論文を印刷する必要はなくなり、体裁を整えて公表するための費用が安くなったにもかかわらず、高額な論文掲載料（Article Processing Charge, APC）を請求する出版社（「ハゲタカ出版社」ともよばれます。）が登場しています[28]。これらは、偽のインパクトファクターを提供したり、著名なジャーナルと酷似したサイトを掲げたりもします。これらは、査読による審査を経ずに、お金さえ払えば一見きちんとした論文のようにした体裁で質の低い論文（「ハゲタカ論文」ともよばれます。）が掲載されるようになることです。「論文数」のプレッシャーから、積極的にそのような出版社を利用する研究者がいたり、逆に、それとは知らずに投稿して騙されてしまうという事例もあります。

　ここまでは主に自然科学の研究を中心に述べてきました。人文学・社会科学の研究も私たちの知的世界の開拓・深化や豊かな人類生活を送る上で極めて重要です。人文学・社会科学の研究スタイルは、自然科学のそれと大きく異なります[29]。その主な点は、①人文学・社会科学のサイクルタイム：これらの分野では、研究の始めから結果や結論を導き、それらをフィードバックさせ検証していく時間が極めて長い、②自然科学では、ある原理・法則に基づいた研究方法や研究データが多い、③研究成果の発表手段が、自然科学では学術誌や学会発表が主ですが、人文学・社会科学では多様な手段（著書、論壇、文芸賞等）があります。このような特性から、人文学・社会科学の研究評価や研究マネジメントは、自然科学と違ったものとならざるを得ません。上述の自然科学分野でよく使われる学術論文に対する指標である被引用度数は、人文学・社会科学分野では一般的ではありません。これは、この分野の研究成果を学術雑誌に発表することが少ないこと、分野によっては日本語で書かれることが多いこと等が、関係しているかもしれません。学術・学問の真の意味での発展には、自然科学研究と人文学・社会科学研究との適切

な調和が重要です。

第5節　異分野間の横断的融合

　21世紀社会の課題である環境問題、地球温暖化、少子・高齢化、資源問題、地球規模の格差等いずれも、既存の研究分野の知識・スキルだけでは解決できない難問題で、異分野間の横断的融合によって挑戦しなければなりません（コラム3-4）。

コラム 3-4

新しい研究は、
異なる考えと考えのブレンド（統合と融合）から産まれる。

　異なる研究分野が融合することで、全く新しい研究分野が生まれ、新たな研究が展開されイノベーションが創生された例は多数あります。老年医学と人文学・社会科学の融合による「老年学」、素粒子物理学・医学・薬学等の融合による「中性子医薬学」や「医工連携研究」等があります。たとえば、医工連携研究では、内臓摘出手術などにおいて摘出された内臓等を長時間その場で保持する場合、人間では無理なため、ロボットなどのアームで保持させるような機械的仕組みに関する研究・実用化、術者の被曝を防ぐための遠隔ロボットアームの開発など、実際に利用されています。

　研究者や研究機関同士のネットワークやコンソーシアムも、研究情報を交換したり、優良事例を学ぶことによって、それぞれの研究力を高めることは有意義です。自然科学研究機構の主導の「自然科学大学間連携推進機構」というネットワークの目的は、①自然科学の基礎研究を連携（ネットワーク）の力で推進、②ネットワークの流動性を活かした若手研究者育成、③大学の意見を踏まえた大学共同利用機関の在り方の協議、④新たな研究領域・研究連携の育成の場等を掲げています[(30)]。

　研究力強化に取り組むために、33大学および全国共同利用機関が参加して「研究大学コンソーシアム」が設立されており、各大学等における先導的

取組や課題の発信・共有によりネットワーク化を推進するとともに、それら取組の全国的な普及・定着を目的としています⁽³¹⁾。研究大学コンソーシアムでは、研究力強化に積極的に取り組む大学等における優良事例の共有、シンポジウムを活用した情報発信、研究力強化の方策・体制の整備等に関する共通の課題についての俯瞰的な討議を行っています。

　以上のように、既存の分野を超えた融合による新分野の創設、機関・組織の枠組を超えた取組等が積極的に行われていますから、これらの情報を的確に把握して、研究マネジメントに資することが求められます。

《注》
(1) World Conference on Science. Science for the Twenty-First Century UNESCO-World Conference on Science Home Page. http://www.unesco.org/science/wcs/index.htm、世界科学会議（World Conference on Science）について（報告）http://www.scj.go.jp/ja/info/kohyo/pdf/kohyo-17-ki04-1.pdf
(2) 科学と科学的知識の利用に関する世界宣言
　　http://www.mext.go.jp/b_menu/shingi/gijyutu/gijyutu4/siryo/attach/1298594.htm
(3) 研究者のような専門家だけでなく非専門家であっても、あらゆる人々が学術的研究や調査の成果やその他の発信される情報にアクセスしたり、研究活動に多様な方法で参加したりできるようにするさまざまな運動。オープンサイエンスは、オープンアクセスの推進など科学的な知をもっとオープンにし、社会に伝えるというさまざまな活動を含む。（Wikipedia による）
(4) 外部環境や内部環境を強み（Strengths）、弱み（Weaknesses）、機会（Opportunities）、脅威（Threats）の４つのカテゴリーで要因分析し、事業環境変化に対応した経営資源の最適活用を図る経営戦略策定方法の一つである。
(5) "Experiment" の代わりに "Investigation" あるいは "Observation" を使用する分野もある。
(6) 科学研究費助成事業（科研費）について（2019）
　　https://www.jsps.go.jp/j-grantsinaid/06_jsps_info/g_190902_1/data/siryou1.pdf
(7) 金澤一郎（2010）「科研費の審査への協力は研究者としての責務」私と科研費 No.22　日本学術振興会
　　https://www.jsps.go.jp/j-grantsinaid/29_essay/no22.html
(8) 独立行政法人　大学改革支援・学位授与機構「大学等の評価」
　　https://www.niad.ac.jp/evaluation/
(9) 根岸正光、山崎茂明編著（2001）「研究評価：研究者・研究機関・大学におけるガイドライン」丸善。藤垣裕子他（2004）「研究評価・科学論のための科学計量学入門」丸善など。

(10)　科学技術・学術政策研究所　https://www.nistep.go.jp
(11)　独立行政法人大学評価・学位授与機構編著（2014）『大学評価文化の定着―日本の大学は世界で通用するか？』大学評価・学位授与機構大学評価シリーズ、ぎょうせい　pp.104-110
(12)　総務省統計局 2019 年（令和元年）科学技術研究調査
　　　https://www.stat.go.jp/data/kagaku/kekka/youyaku/pdf/2019youyak.pdf
(13)　研究に関して下記のように定義している。事物・機能・現象等について新しい知識を得るために、又は既存の知識の新しい活用の道を開くために行われる創造的な努力及び探求をいう。ただし、企業及び非営利団体・公的機関の場合は、「製品及び生産・製造工程等に関する開発や技術的改善を図るために行われる活動」も研究業務としている。
(14)　科学技術・学術政策研究所　科学技術指標（2019）「各国企業部門の研究者」
　　　https://www.nistep.go.jp/sti_indicator/2019/RM283_27.html
(15)　競争的研究費制度
　　　https://www8.cao.go.jp/cstp/compefund/kyoukin31_seido_ichiran.pdf
(16)　国立大学法人における運営費交付金と外部収入の推移（競争的研究費改革に関する検討会・配布資料）（2015）
　　　https://www.mext.go.jp/b_menu/shingi/chousa/shinkou/039/shiryo/__icsFiles/afieldfile/2015/06/12/1358882_2_1.pdf
(17)　JST2020 概要パンフレット　https://www.jst.go.jp/pr/intro/outline.pdf
(18)　日本生命財団 環境問題研究助成
　　　http://www.nihonseimei-zaidan.or.jp/kankyo/
(19)　全欧州規模で実施される、研究および革新的開発を促進するための欧州研究・イノベーション枠組み計画 Framework Programme（FP）である。2014-2020 年に渡り約 800 億ユーロ（約 10 兆円）に上る EU からの公的資金が投入されている。日本からも参加が可能で 104 の日本の機関が 88 のプロジェクトに参加している（2020 年 3 月現在）。
　　　http://ec.europa.eu/programmes/horizon2020/en/what-horizon-2020
(20)　OTSUCLE（おつくる）クラウドファンディング　https://otsucle.jp/cf/
(21)　独立行政法人大学改革支援・学位授与機構編著（2019）『高等教育機関の矜持と質保証―多様性の中での倫理と学術的誠実性』大学改革支援・学位授与機構高等教育質保証シリーズ、ぎょうせい　pp.82-108。これは「学業不正」について議論しているが、研究を含めた「学術不正」にも言及している。
(22)　文部科学大臣決定（2014）
　　　https://www.mext.go.jp/b_menu/houdou/26/08/__icsFiles/afieldfile/2014/08/26/1351568_02_1.pdf#search=% 27 研究活動の不正行為への対応のガイドライン% 27
(23)　テニュア・トラック普及・定着事業　https://www.jst.go.jp/tenure/
(24)　山本進一（2018）「解説：我が国への URA の導入―その経緯、活動と課題―」大学評価・学位研究　第 20 号　pp.27-38
(25)　リサーチ・アドミニストレーター（URA）を育成・確保するシステムの整備
　　　https://www.mext.go.jp/a_menu/jinzai/ura/

(26)　科学（学術）論文は、分野によっては日本語で書かれることもあるが、世界的にその研究成果を周知するために、科学の一般的な共通言語である英語で書かれることが多い。

(27)　Aad, G. et al.（2015）Phys. Rev. Lett. 114, 191803

(28)　独立行政法人大学改革支援・学位授与機構編著（2019）『高等教育機関の矜持と質保証─多様性の中での倫理と学術的誠実性』大学改革支援・学位授与機構高等教育質保証シリーズ、ぎょうせい　pp.146-148

(29)　苅谷剛彦（2018）「誰のための、何のための研究評価か─文系研究の日本的特徴」学術の動向　第23巻10号　pp.24-29

(30)　自然科学大学間連携推進機構　https://www.nins.jp/site/nica-new/

(31)　研究大学コンソーシアム　https://www.ruconsortium.jp

第2章　産学官連携と知的財産戦略

　教育基本法では、「大学は、学術の中心として、高い教養と専門的能力を培うとともに、深く真理を探究して新たな知見を創造し、これらの成果を広く社会に提供することにより、社会の発展に寄与するものとする。」と規定されています[1]。「我が国の高等教育の将来像（答申）」は、大学と社会の関係について、表3-6のように言及しています[2]。

　大学の目的に、教育、研究に加えて社会貢献が規定されています。もちろん、教育や研究は長期的視点での社会貢献ですが、もっと直接的な社会貢献も求められているのです。大学で得られた研究成果を広く社会に還元し、研究の資金を提供してくれた納税者に報いることは根源的に重要なことです。

　社会貢献に関わる重要な事業として、産学官連携による活動があげられます。多くの大学等では、産学官連携に関して産学官連携本部のような組織が置かれています。独立したもの、あるいは研究推進と同じ組織として構成されているものなど形態は多様です。ここでは、岡山大学の研究推進産学連携機構の組織図（図3-3）を参考のために掲げておきます。

表 3-6　新時代における大学と社会の関係（大学の役割）

> 大学は教育と研究を本来的な使命としているが、同時に、大学に期待される役割も変化しつつあり、現在においては、大学の社会貢献（地域社会・経済社会・国際社会等、広い意味での社会全体の発展への寄与）の重要性が強調されるようになってきている。当然のことながら、教育や研究それ自体が長期的観点からの社会貢献であるが、近年では、国際協力、公開講座や産学官連携等を通じた、より直接的な貢献も求められるようになっており、こうした社会貢献の役割を、言わば大学の「第三の使命」としてとらえていくべき時代となっているものと考えられる。

我が国の高等教育の将来像（答申）（2005）より抜粋

図 3-3　岡山大学における研究推進産学連携機構の組織（2012 年当時）

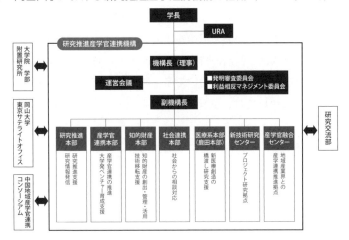

第１節　産学（官）連携

　産学連携には、さまざまなタイプがありますが、主なものは技術開発等を目的として、民間企業と大学等の研究機関が共同で研究することです[3]。全ての国立大学が法人化され（2004 年）、自律的意思決定ができる組織となりました。法人への国からのサポートとして運営費交付金が支給されていますが、支給額は十分ではありませんので、産学連携等による外部資金の獲得が各大学の重要なミッションとなっています。国立大学の法人化によって産学連携の形態等が変化しています（表 3-7）。

　産学連携により民間企業と共同研究を進めるには、連携に関する協定締結

表 3-7　国立大学法人による産学連携の変化

①特許等の研究成果は大学に帰属する。
②非公務員となることで、兼業の扱いなどが大学の自主的判断で設定できる。
③研究成果の活用を促進する業務を法的に位置づける。
④新しい形態の産学連携が可能となり、共同研究等の契約は大学の自主的判断で対応可能（包括連携、アライアンス型連携等）となる。

文部科学省「大学等における産学連携」参考

が必要です。このような連携協定には、個別連携と包括連携があります。個別連携は個々の共同研究テーマについて、大学等と民間企業が連携協定を結ぶもので、一般的に共同研究の目的が達成されれば協定は破棄されます。これに対して包括連携は、個別の特定共同研究のみならず組織対組織の連携です。近年、民間企業との組織対組織の産学連携が重視されています。産学連携等の実施状況については、文部科学省科学技術・学術政策局の資料[4]をご参照下さい。

　産学連携を進めるには、大学側には民間企業に詳しく契約等の業務をこなせる人材が必要で、このような人材を「産学（官）連携コーディネータ」とよんでいます。産学（官）連携コーディネータは、民間企業のニーズに合うような研究課題をもつ研究者を学内から探すこと、あるいは逆に学内にある研究シーズを欲しているような民間企業を探すこと、が重要です。いずれも両者のマッチングが必要で、秘密保持に配慮しながら活動しなければなりません。

　共同研究が始まると、分野によってはインキュベーション施設[5]が必要で、多くの大学が設置しています。研究の結果、新しい製品や手法等が作成されれば、研究発表前に「特許」の申請が必要です。

　産学連携を推進するためには、多くの課題があります。大学側の課題として、まず企業側が大学の敷居が高いと感じることがあります。これには、オープンなサポート体制（窓口がわかりやすく、対応が丁寧で親切であること）が必要です。組織的な対応も必要で、研究者のグループ化、あるいは大学等の組織をあげての対応が求められます。さらに、ベンチマーク情報の取集・提供による、研究の位置づけの明確化、民間のニーズ吸収・反映もポイントです。

産学官連携の優良事例

　ノーベル賞受賞者である赤﨑勇教授（名古屋大学特別教授・名誉教授、名城大学理工学研究科終身教授）の研究とそれを基礎にした青色発光ダイオード（LED）の開発は、典型的な産学官連携の成果です[6]。赤﨑教授は、青色発光ダイオード作成の元となる高品質窒化ガリウム（GaN）単結晶を世界に先駆けて作成しました。光の三原色の中で赤色と緑色は、当時すでに開発され

図 3-4　基礎研究からのイノベーション創出

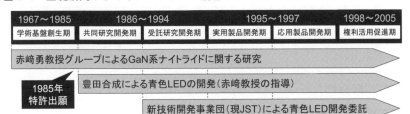

豊田合成「赤﨑教授と豊田合成の青色 LED 開発の歴史」を一部改変

ていたので、青色が加わることにより白色の発光が可能となりました。この研究開発の成果は、化合物半導体研究の世界に多大な影響を及ぼしただけでなく、応用分野が広がり多くの新規産業が生まれ、新たな雇用も創出しました。国にも多額の特許料収入をもたらし、法人化後に国から承継した名古屋大学に多額の特許料収入が入ることになりました。

　赤﨑教授による高品質窒化ガリウム単結晶作成に続いて、「産」である豊田合成株式会社、「官」である新技術事業団（科学技術振興事業団の前身）と共に研究開発が実施され、青色発光ダイオードの実用化に成功しました（図3-4）。すなわち、「学」が基礎研究をし、「官」が研究費支援を行い、「産」が実用化・製品化を図るという典型的な産官学の連携による世界的なイノベーション創出となりました。白熱電球よりも発光ダイオードは遥かに電力消費量が少なく、大幅な省エネルギーが実現され、この面からも多大な貢献となりました。

受託研究と共同研究

　産学連携研究を行う上で、大別して受託研究と共同研究の二つの形態があります。受託研究とは、国・地方公共団体・企業等の委託者から委託された研究課題について、受託された大学等の研究者が研究を行い、研究成果を委託者に報告するものです。共同研究とは、企業等から研究者と研究費を受け入れて、大学の研究者等が企業等の研究者と共通の研究課題につき、共同または分担して行うものです。両方とも受け入れる大学にとって、教育・研究

表 3-8　企業等との共同研究の大学側のメリット

①大学研究者が企業情報を秘密にすることにより、企業の真のニーズ情報を得ることができ、真のニーズに沿った研究が可能になる。
②企業が大学の知的財産（出願後公開前の出願発明は大きな価値がある）を大事に扱う。
③大学の知的財産を勝手に特許出願されることがなくなる。
④大学の基本発明を利用した用途発明を大学と共有にできる。

イノベーション促進産学官対話会議事務局「産学官連携による共同研究強化のためのガイドライン」参考

上の意義があることは当然で、企業等と共同研究を実施する上で、秘密保持契約が重要です。大学側のメリットとして、表 3-8 に掲げた事項が考えられ、企業側のメリットとしては、大学の未公開の価値ある知的財産を早く入手できることです。

寄附講座と共同研究講座

　個人または団体の寄附による基金で、大学における教育研究の進展・充実を目的として、学術に関する社会的な要請やその他の諸条件の変化への対応あるいは教育研究体制における流動化、国際化、学際化および公開化の推進に配慮して、その基礎的経費を賄うものとして設置される講座または研究部門を、寄附講座・寄附研究部門とよびます。寄附講座は学部・研究科に置かれる講座を、寄附研究部門は附置研究所や全学センター等に置かれる研究部門をいいます。理系における寄附講座は、外部から寄附された資金を元に、開設講座を組織化し教育研究活動を行う場合が多数です。文系における寄附講座は、授業の一環（多くの大学では、自らの大学でとくに力を入れている教育・研究の分野で行われます。）として実施される場合が大半です。寄附の内容は、資金の提供ではなく、カリキュラムやテキストを作成し、講師を派遣するなどのノウハウ・人材面での寄附もみられます（Wikipedia による）。寄附講座等の設置や運営にあたっては、大学等の主体性が確保されるよう十分に配慮するものとされております。

　共同研究講座は、2006 年大阪大学で始まった制度[7]で、従来型の共同研究とは異なる大学と企業の新しい協働の形となっています。企業が研究費等を主に負担して、大学内に研究室を設けて共同研究を行う仕組みです。こ

の共同研究講座に関しては、企業が自社のニーズと人材を学内にもち込み、大学も研究者を充てて学内で共同研究します。

クロスアポイントメント制

　イノベーション創出には、創造的な科学技術と法学や経済学等の広範な学術の連携・融和が重要です。縦型の産業構造や自前主義から横型の産業構造と連携・協働を推進するためには、多様性と異分野交流の場である大学は想像力の源泉であり、その学術基盤を強化しなければなりません。このような理由から、大学の知的財産は、産学連携によるイノベーション創出を図る上で必要不可欠なものです [8]。

　イノベーション創出に向けて、研究者の長期、短期の流動性を促進することが重要です。しかしながら硬直した雇用制度やその周辺環境では、人材の好循環は期待できません。そこで、所属する研究機関と出向する研究機関の間で何らかの取り決めにより、研究者が二つ以上の機関と同時に労働契約を結び就労する制度（クロスアポイントメント制）があります。たとえば、ある研究所に所属しながら大学等と出向に関する取り決めを結び、双方の業務について、両機関において求められる役割に応じた従事比率に基づいて就労します。これによって、世界トップクラスの研究者等の卓越した人材が、大学や企業の壁を超えて、複数の機関で活躍することが可能になります。

第2節　知的財産と特許

　研究活動あるいはその関連活動によって知的財産が産まれます。これらの知的財産を活用して研究力や研究機関の強化につなげていくことが、研究マネジメントの重要な機能の一つです（図3-5）。

　知的財産権（表3-9）と言えばまず出てくるのが「特許」で、その制度が「特許制度」です [9]。特許とは、価値ある発明をした人（発明者）に対して、それを公開する見返りとして、一定期間、排他的に独占して使う権利（特許権）を付与するものです。所有権に似た物件的（有体物）権利ですが、保護対象の特許発明は無体物です。特許権により発明を保護し、その利用を図ることによって発明を奨励し、産業の発達に寄与することを目的としていま

図 3-5　知的財産部の機能

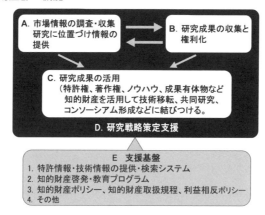

す。特許庁のウェブページには、特許を出願する前に知っておくべき基本的事項として、①技術的思想の創作である「発明」が保護の対象、②権利の対象となる発明の実施（生産、使用、販売など）を独占でき、権利侵害者に対して差し止めや損害賠償を請求できる、③権利期間は出願から20年、をあげています。

　特許戦略としては、①基本特許網の構築があり、これにはベンチマークによる研究の位置づけの明確化、重点研究分野の選択とリソースの集中、②特許活用の促進で、共同研究、受託研究など研究の拡大、実施許諾、権利譲渡などによる研究資金の確保、大学発ベンチャーの創出、中小企業へのマーケティング、③企業との連携の構築で、柔軟な対応、自由度のある契約等があります。特許出願方針として、日本出願の場合、原則として機関出願で、出願人は大学または大学と企業、費用負担は大学、大学と企業または企業が考えられます。

表 3-9　知的財産とは

> 発明、考案、植物の新品種、意匠、著作物その他の人間の創造的活動により生み出されるもの（発見又は解明がされた自然の法則又は現象であって、産業上の利用可能性があるものを含む。）、商標、商号その他事業活動に用いられる商品又は役務を表示するもの及び営業秘密その他の事業活動に有用な技術上又は営業上の情報をいう。

知的財産基本法　第2条　https://www.jpo.go.jp/system/patent/gaiyo/seidogaiyo/chizai02.html

第３節　大学発ベンチャーと技術移転機関

　大学等の教員や学生の中には、自分の行った研究成果をもとに、事業を起こし創業する人達がいて、このような起業家精神をアントレプレナーシップとよび、事業化する企業のことを大学発ベンチャー[(10)] とよびます（表3-10）。大学発ベンチャーは、イノベーションの担い手として高く期待されており、2018 年度末現在 2,278 社と年々増加しており、各大学がベンチャー創出に力を入れていることが窺えます。大学には貴重な知的財産が蓄積され眠っています。これらを活用することによって、バブル経済の崩壊後の長期にわたる景気低迷を脱し、次世代の新産業を創出するために大学発ベンチャーが期待されたのです。

　大学や研究所等の技術に関する発明や特許等の研究成果を民間事業者等へ技術移転することを促進し活用することを主要業務として、産学連携のつなぎ役をする民間事業者を技術移転機関（Technology Licensing Organization, TLO）とよんでいます。大学等技術移転促進法（通称 TLO 法）[(11)] により事業計画が承認・認定された技術移転事業者を承認・認定 TLO といい、特許料等の減免措置を受けることができます。2020 年 3 月 26 日現在、承認 TLO 35 機関、認証 TLO 1 機関が活動しており[(12)]、産学連携における技術移転の促進には重要な機能を果たしています。

表 3-10　大学発ベンチャー

研究成果ベンチャー	大学で達成された研究成果に基づく特許や新たな技術・ビジネス手法を事業化する目的で新規に設立されたベンチャー
共同研究ベンチャー	創業者の持つ技術やノウハウを事業化するために、設立 5 年以内に大学と共同研究等を行ったベンチャー
技術移転ベンチャー	既存事業を維持・発展させるため、設立 5 年以内に大学から技術移転等を受けたベンチャー
学生ベンチャー	大学と深い関連のある学生ベンチャー
関連ベンチャー	大学からの出資がある等その他、大学と深い関連のあるベンチャー

経済産業省（2018 年度）大学発ベンチャー実態等調査の結果概要

《注》
（1）　教育基本法（平成 18 年法律第 120 号）（大学）第 7 条
（2）　新時代の高等教育と社会
　　　https://www.mext.go.jp/b_menu/shingi/chukyo/chukyo0/toushin/attach/
　　　1335581.htm
（3）　山本進一（2019）「大学マネージメントと産学官連携」産学連携学　第 15 巻
　　　pp.1-7
（4）　平成 30 年度　大学等における産学連携等実施状況について
　　　https://www.mext.go.jp/content/20200109_mxt_sanchi01_000003783_
　　　02_01.pdf
（5）　インキュベーション（incubation）施設とは、新しい事業を育成・支援する施設
　　　で、最大の目的は、事業拡大・事業成功のための支援を行うことである。
（6）　赤﨑勇（2011）青色 LED 実現への道　未踏の領域「われ一人荒野を行く」　科学
　　　技術振興機構　産学官連携ジャーナル　2011 年 4 月号
（7）　後藤芳一（2011）大阪大学・共同研究講座　産学官連携「第 4 の潮流」に向けて
　　　産学官連携ジャーナル　2011 年 9 月号
　　　https://sangakukan.jst.go.jp/journal/journal_contents/2011/09/articles/
　　　1109-03-5/1109-03-5_article.html
（8）　イノベーションシステムにおける大学の研究成果の活用促進に資する技術移転機能
　　　等の最適化に向けて（議論のまとめ）（2018）
　　　https://www.mext.go.jp/component/a_menu/science/detail/__icsFiles/afiel
　　　dfile/2018/07/18/1406597_02_4_1.pdf
（9）　青山紘一（2004）『特許法』法学書院
（10）　大学発ベンチャー調査
　　　https://www.meti.go.jp/press/2019/05/20190508001/20190508001.html
（11）　大学の技術移転
　　　https://www.meti.go.jp/policy/innovation_corp/tlo.html
（12）　承認・認定 TLO（技術移転機関）一覧
　　　https://www.jpo.go.jp/toppage/links/tlo.html

| 第 3 章 | 国際戦略 |

　イノベーションと並んでグローバル化は、わが国の大学にとって最大のテーマです。Louis Pasteur（1822-1895）は、フランスの生物学者でしたが、19 世紀の大学における科学研究のあり方についても思索を展開しました。彼のパスツゥール研究所（民間研究機関）創設式典（1888 年）における講演[1] を引用します（コラム 3-5 にその一部を引用）。今や、国境を越えた人々の移動により、世界規模の新型コロナウイルスとの戦争に巻き込まれて、各国・組織で対応に追われています。学問自体には国境はありませんが、研究には研究者が所属する国や政府が関係する場合が大半であり、研究

コラム 3-5

パスツゥール研究所創設式典（1888 年 11 月 14 日）における
Louis Pasteur の講演の一部抜粋

　科学には祖国がないといえども、科学者は祖国を持っています。彼の業績が世界中に及ぶとしましても、その成果を持ち帰るべきはこの祖国に対してです。

　大統領閣下、お許しいただけるならば、この研究室に貴殿が臨席されることによって私の中に生まれた哲学的省察でこの講演を終わらさせていただきたく存じます。私は、今日二つの対立する原則が鬩ぎ合っていると申し上げたい。一方は、血と死の原則です。この原則は、新しい戦争の手段に毎日思いをはせ、国民に対して常に戦場に赴く覚悟を求めます。他方の原則は、人間を悩ます災厄から人間を解放することのみを考える平和と研究と救済の原則です。前者は暴力による征服のみを追求し、後者は、人間性を安堵させることのみを追求し、人間の生をすべての勝利より大事なものと考えます。前者は、1 人の人の野望のために何千、何万の人びとを犠牲にしようとするものです。後者の消毒法は、何千人もの兵士を救います。どちらの原則が、他方に優越するというのでしょうか。神のみぞ知ることです。しかし、フランスの科学は、人間性の原則に従って、生命のフロンティアを切り開くことになるということは断言できます。[土屋俊訳（2019）独立行政法人大学改革支援・学位授与機構編著『高等教育機関の矜持と質保証─多様性の中での倫理と学術的誠実性』大学改革支援・学位授与機構高等教育質保証シリーズ、ぎょうせい　p.122]

の国際化（グローバル化）や国際戦略などが、研究マネジメントにとって不可欠です。

　研究の国際化・国際戦略には、さまざまな目的や方策があり、それによって達成が期待される成果も多様ですから、一概に議論することは不可能です。この章では、国際共同研究、国際共同研究拠点および海外広報について言及しますので、国際化戦略マネジメントの参考に資してください。

第1節　国際共同研究

　言葉も文化も異なる外国人研究者と共同研究を行うことは、予想もしない研究のアイデア、方法、考え方等が生まれる可能性が期待できます。研究設備や機器が海外にしかない場合（たとえば、欧州原子核機構の加速器等）には、それを必要とする研究は、そこへ行かなければ研究ができませんし、その逆もあり得ます。さらに、世界全体で協力して進めなければ解決できない課題もあります（たとえば、地球温暖化等）。国際共同研究は年々多様化し活発になっており、その数も増えています[2]。この傾向が著しい分野や形態があります（表3-11）。

　国際共同研究の開始にあたっては、共同研究契約（CRA）もしくは覚書（MOU）の締結が必要です。研究内容によっては、素材移転契約（MTA）が必要になる場合もあります。助成金の申請作業等（とくに、生命科学関連の研究）の際には、生物多様性条約に関わるか否かが重要です。関わる場合

表3-11　国際共同研究が積極的に実施されている分野と形態

分　野
①わが国に優れた研究者層や研究施設がある分野
②地域的に日本の役割が期待される分野
③日本においてこれからの研究推進が必要とされる分野
④ビッグサイエンスの研究で国際協力が必要とされる分野

形　態
①政府間協定等に基づく事業
②国際学術連合会議（ICSU）、ユネスコの提唱により各国が実施する事業
③大学・研究所等の機関が独自の協定により行う事業
④研究者個人あるいは研究者グループ間の合意で実施されるもの

には、生物多様性条約・ABS 対策窓口 [3] へ連絡し、対応策を検討する必要があります。

　国際共同研究による研究成果は、一般的には論文化され国際共著論文となります。この国際共著論文の多さ（国際共著率）が、研究機関の国際化の指標に使われる場合があります。わが国の研究機関の国際共著率は、高い機関で 30％程度で、欧米の機関と比較して低くなっています。ただし、国際共同研究を促進して論文の共著者数が多くなると、論文カウントで分数カウント（p.134）が採用されると論文数が減少するという問題も抱えています。

第2節　国際研究拠点と国際研究ネットワーク

　欧米に置かれた研究拠点を核に、それぞれの地域の諸機関と研究交流や国際研究ネットワークを形成している大学が多数あります。京都大学では、全学海外拠点の一つとしてハイデルベルク（ドイツ）に欧州拠点を設置しています [4]。ここでは研究活動の支援として、研究グラント・フェローーシップの獲得支援、日独ジョイントレクチャー、国際シンポジウムの開催等の活動が行われています。名古屋大学でもフライブルク大学（ドイツ）にヨーロッパにおける研究、教育および国際交流等の活動拠点として、ヨーロッパセンターが設置されています [5]。

　日本学術振興会（JSPS）は、学術に関する国際交流における日本と諸外国との関係強化を図ることを目的として、9ヵ国 10ヵ所に海外研究連絡センター [6] を設置［ワシントン・サンフランシスコ（アメリカ）、ボン（ドイツ）、ストックホルム（スウェーデン）、ストラスブール（フランス）等］しています（表 3-12）。

　以上では、海外に国際共同研究拠点を置いている例を紹介しましたが、国内に国際共同研究拠点を置く場合も多数あります。代表的なものとして日本学術振興会の研究拠点形成事業 [7] があります。この事業には、先端拠点形成型とアジア・アフリカ学術基盤形成型があり、目的は、「我が国において先端的かつ国際的に重要と認められる研究課題、または地域における諸課題解決に資する研究課題について、わが国と世界各国の研究教育拠点機関をつなぐ

表 3-12　日本学術振興会の海外研究連絡センターの活動内容

①日本学術振興会が協力協定等を締結している海外の学術振興機関等との連携
②海外学術機関との協力によるシンポジウム、コロキウム等の実施
③わが国の大学の海外活動展開への協力・支援
④フェローシップ等の日本学術振興会事業経験者のネットワーク構築・支援
⑤わが国の学術情報の発信及び海外の学術動向・大学改革等の情報収集

日本学術振興会　海外研究連絡センター

持続的な協力関係を確立することにより、当該分野において世界的水準または地域における中核的な研究交流拠点の構築とともに、次世代の中核を担う若手研究者の育成を目的として、平成 24 年度より研究拠点形成事業を実施します。」と謳われています。この他に、日本学術振興会は、世界的な研究拠点の形成をめざして、世界トップレベル研究拠点プログラム[8] を推進しています。この事業は、システム改革の導入等の自主的な取組を促す支援により、第一線の研究者が世界から多数集まってくるような優れた研究環境ときわめて高い研究水準を誇る「世界から目に見える研究拠点」の形成をめざしています。研究拠点には、世界最高レベルの研究水準、融合領域の創出、国際的な研究環境の実現および研究組織の改革の 4 要件が求められており、2007年（平成 19 年）度から開始され、2020 年現在 13 拠点が指定されています。

　外国人研究員が拠点等での研究のために日本に滞在する際、円滑な研究を保証するため日常生活への配慮も重要な業務です。宗教上の配慮（教会やモスクの存在等）、食材の入手先、家族のためのインターナショナルスクール等で、わが国全体の国際化と関連した課題もあります。拠点内では基本的には英語が公用語で、日常会話や書類の作成も英語であることが普通です。事務を担当する職員は、ビザの申請、日常生活上の注意（災害対応を含む）、各種公的申請書等の支援が必要ですし、外国人研究者用の宿舎も整備しなくてはなりません。国際化（グローバル化）には、大変な取組と努力が求められることを認識する必要があり、大学が率先して、これに取り組むことが期待されています。

　研究を含めた高等教育や国際交流を含めた国際学術コンソーシアムも学術研究ネットワークとして重要です。高等教育の発展のためにグローバルなレベルでの相互協力を一層促進するとともに、国際社会および地域社会に貢献

するために、国際的な学術ネットワーク構築が目的です。

第3節　海外広報活動と研究力を強化するための戦略

　研究情報の海外広報は、研究の国際的評判を得る上で重要です。そのメディアとしてはウェブページが一般的で簡易です。とくに、英語版ウェブページは重要で、ユーザーにとって魅力的で、容易にアクセスできるものが必要で、多くの研究機関が優れたウェブページの作成を心がけています。絶えず最新の研究情報を掲載することが重要です。e-bulletin という形で研究のトピックスをウェブページに広報している機関もあります（たとえば、電気通信大学や関西大学）。この場合、アクセス数、ダウンロード数等のアルトメトリクス（サイバーメトリクス）解析ができ、研究のインパクトを分析することが可能です。

　海外での展示会や技術発表会、国内における国際展示会等での研究広報が有効です。大学技術マネジャー協会（Association of University Technology Manager, AUTM）[9] やライセンス協会（Licensing Executives Society, LES）[10] などの海外の展示会で出店ブースを出し、試作品やサンプルを展示し、カスタマーに研究内容を説明する活動も多くの研究機関で行われています。試作品やサンプルを見せることで、研究内容の深い理解や適用されている技術的特徴を直接示すことができます。

　最後に、それぞれの研究機関の研究力を世界的レベルにする戦略を考えてみましょう（コラム 3-6）。①は、自らの特色や強みを分析した上での広報活動が鍵となります。②については、研究費援助、研究費への申請サポート、

コラム 3-6

研究機関の研究力を世界的レベルにする戦略
① 　強い研究分野や活発に研究している研究者等の研究活動の**把握**
② 　活発に研究している分野に対する**支援**
③ 　世界レベルの**人的資源の開拓**
④ 　国際社会での**当該研究機関の見える化**の推進

研究推進等が肝要です。③は、外国人シニア URA の雇用、共同研究の新しい組織の開拓、研究活動の紹介のための大学や研究所等の訪問などが考えられます。欧州の ERASMUS⁽¹¹⁾ や Horizon 2020 (p.130) を通じた国際連携の構築等も視野に入れる必要があります。④では、上述の AUTM や LES 等の国際的な技術移転会議への参加、研究活動に関する広報の促進、大学のウェブページの強化等が考えられます。

　国際的な研究ネットワークの形成は、重要な研究の国際戦略です。そのためには、①著名な研究者の情報収集、②ファンドに関する情報収集、③共同研究の申請支援、④研究を協働する候補の研究者の選択と彼らの研究能力の分析、⑤協働する研究機関に属する優秀な研究者の情報収集、⑥若手研究者と大学院生の交流機会の提供、⑦日本と外国の研究機関の仲介、⑧当該大学の国際的卓越性の強調などがあげられます。いずれにしても、今までの経験や先入観に囚われるのではなく、社会動向や自組織の現状を正確に把握した上での戦略策定が重要です。

《注》
(1)　Inauguration de l'Institut Pasteur le 14 novembre 1888 en présence de M. le Président de la République : compte rendu
(2)　国際共同研究一覧
　　　https://www.mext.go.jp/b_menu/shingi/gijyutu/gijyutu6/toushin/attach/1333377.htm
(3)　国内大学・研究機関向けの相談窓口
　　　http://nig-chizai.sakura.ne.jp/abs_tft/top/others/top-2/
(4)　京都大学欧州拠点
　　　https://www.oc.kyoto-u.ac.jp/overseas-centers/eu/access/
(5)　名古屋大学ヨーロッパセンター
　　　https://www.nagoya-u.eu/ja/home/nu-european-center
(6)　海外研究連絡センター　https://www.jsps.go.jp/j-kaigai_center/
(7)　研究拠点形成事業　https://www.jsps.go.jp/j-c2c/
(8)　世界トップレベル研究拠点プログラム　https://www.jsps.go.jp/j-toplevel/
(9)　大学技術マネジャー協会　https://www.weblio.jp/content/
(10)　Licensing Executives Society (U.S.A. and Canada), Inc.
　　　https://www.lesusacanada.org
(11)　エラスムス計画（The European Community Action Scheme for the Mobility of University Students, ERASMUS）は、各種の人材養成計画、科学・技術分野における EU 加盟国間の人物交流協力計画の一つであり、大学間交流協定等による

共同教育プログラムを積み重ねることによって、ヨーロッパ大学間ネットワーク
(European University Network) を構築し、EU 加盟国間の学生流動を高めよう
とする計画である。
　https://ec.europa.eu/programmes/erasmus-plus/node_en

参考文献・資料

基本的な資料

・川口昭彦（独立行政法人大学評価・学位授与機構編集）『大学評価文化の展開
—わかりやすい大学評価の技法』大学評価・学位授与機構大学評価シリー
ズ、ぎょうせい、2006 年

・独立行政法人大学評価・学位授与機構編著『大学評価文化の展開—高等教
育の評価と質保証』大学評価・学位授与機構大学評価シリーズ、ぎょうせ
い、2007 年

・独立行政法人大学評価・学位授与機構編著『大学評価文化の展開—評価の
戦略的活用をめざして』大学評価・学位授与機構大学評価シリーズ、ぎょ
うせい、2008 年

・川口昭彦（独立行政法人大学評価・学位授与機構編集）『大学評価文化の定着
—大学が知の創造・継承基地となるために』大学評価・学位授与機構大学
評価シリーズ、ぎょうせい、2009 年

・独立行政法人大学評価・学位授与機構編著『大学評価文化の定着—日本の
大学教育は国際競争に勝てるか？』大学評価・学位授与機構大学評価シ
リーズ、ぎょうせい、2010 年

・独立行政法人大学評価・学位授与機構編著『大学評価文化の定着—日本の
大学は世界で通用するか？』大学評価・学位授与機構大学評価シリーズ、
ぎょうせい、2014 年

・独立行政法人大学改革支援・学位授与機構編著『グローバル人材教育とそ
の質保証—高等教育機関の課題』大学改革支援・学位授与機構高等教育質
保証シリーズ、ぎょうせい、2017 年

・独立行政法人大学改革支援・学位授与機構編著『高等教育機関の矜持と質
保証—多様性の中での倫理と学術的誠実性』大学改革支援・学位授与機構
高等教育質保証シリーズ、ぎょうせい、2019 年

・独立行政法人大学改革支援・学位授与機構編著『内部質保証と外部質保証
—社会に開かれた大学教育をめざして』大学改革支援・学位授与機構高等

教育質保証シリーズ、ぎょうせい、2020 年

・川口昭彦（一般社団法人専門職高等教育質保証機構編）『高等職業教育質保証
の理論と実践』専門学校質保証シリーズ、ぎょうせい、平成 27 年

独立行政法人　大学改革支援・学位授与機構ウェブサイト

URL: http://www.niad.ac.jp

評価事業関係　http://www.niad.ac.jp/evaluation/

調査研究関係　http://www.niad.ac.jp/study/

出版物関係　http://www.niad.ac.jp/publication/

質保証・国際連携　https://www.niad.ac.jp/consolidation/

大学ポートレート　https://portraits.niad.ac.jp

高等教育資格認証情報センター　https://www.nicjp.niad.ac.jp

国立大学法人の財務等

https://www.niad.ac.jp/support/university_finance/

一般社団法人　専門職高等教育質保証機構ウェブサイト

URL: http://qaphe.com

あとがき

　世界科学会議（ブダペスト会議、1999 年）は、21 世紀には科学に大きな変化が起こるというメッセージを発信し、科学者には新たな社会的責務があると宣言しました。その後、国連総会（2015 年）で採択された持続可能な開発目標（Sustainable Development Goals, SDGs）は、20 世紀における各分野における「最先端の教育研究」に替わって、21 世紀は「持続可能な開発のための教育研究」の必要性を強く主張しています。大学には、このような社会の動向を視野に入れた組織や教育研究のマネジメントが求められています。

　さらに、情報革命に代表されるイノベーションとグローバル化の進展を的確に把握して、組織的に対応するためのマネジメントが不可欠となっています。大学は、「共同体的組織」として長い歴史があり、それを補完する形で「経営体的組織」が構築されてきました。そのため、この異なる性格を有する二つの組織の最適な設計の解が見出されていないのが現状でしょう。わが国では、教育研究を個々人の自発的な活動として捉える文化的風土がありましたから、今までは、組織を構成する教員等の教育研究実績に依存して、それらの積み上げと発展を基本としてきました。

　しかしながら、21 世紀は知識を価値の主体におく知識（基盤）社会ですから、大学の教育研究活動によって産み出される成果を社会に積極的にフィードバックすることが大学人の責務となっています。

　日本の大学は、ユニバーサル段階に達しています。欧米の各大学では、エリート型からユニバーサル型へ発展する過程で、管理運営体制を積極的に変革してきました。わが国の大学においては、数字上ではユニバーサル段階に達していますが、管理運営上はエリート段階の様相が色濃く残っています。わが国の特徴である「強力な教授会自治」によって教員集団が意思決定を主導し、教員の活動や教員組織が聖域視されています。しかしながら、教学と経営の両面における大学職員の役割の重要性が増しつつあり、教員間、職員間、教員・職員間の対話と協働が大学運営に不可欠となっています。欧米の

大学と日本の大学を比較すると、教員と職員の協働体制の脆弱さが目につきます。教職員の意識改革が、これからの課題でしょう。

　教育パラダイム（教員目線の教育）から学修パラダイム（学修者主体の教育）への転換の必要性が強調されて久しいですが、依然として課題となっています。教育研究の内容・方法は重要ですが、それ以上に組織としての教育研究によって、多様でかつ変化の激しい社会に対応できる人材を育成することが今問われているわけです。学生が、どのような能力を身につけたかという学修成果（アウトプットやアウトカムズ）を社会に向けて発信しなければなりません。すなわち、個々人の可能性を最大限に伸長する教育への転換が求められているわけです。大学内のマネジメントも組織や教員を中心とするのではなく、学修者中心の大学のあり方に転換する必要があります。エイブラハム・リンカーン大統領のゲティスバーグ演説に擬えれば「学生の学生による学生のための教育改革（Educational reforms of the students, by the students, for the students）」となります。

　最後に、マネジメントには、教育研究の内容や方法に関する管理運営だけではなく、諸活動の成果の評価（検証）およびそれに基づく質保証と質向上も含まれることを強調しておきます。教育研究マネジメントの質向上・改善が大学全体の存在感を高めることにつながります。本書が日本の大学における教育研究マネジメント改革の一助となることを期待しています。

　本書を発刊するにあたって、大学改革支援・学位授与機構の研究開発部、大学連携・支援部および評価事業部の教職員の方々、機構外の多くの方々のご協力をいただきました。心からお礼申し上げます。また、機会あるごとに、貴重なご意見をいただいた、機構の評議員、運営委員の方々にも感謝の意を表したいと思います。最後に、本書を出版するにあたり、㈱ぎょうせいにはお世話になり、心よりお礼申し上げます。

　2020 年 10 月

独立行政法人　大学改革支援・学位授与機構

参与・名誉教授　　川　口　昭　彦

執筆者等一覧

川口　昭彦（参与・名誉教授）　　　　　まえがき、第一部第 1 章・第 3 章、
　　　　　　　　　　　　　　　　　　　第二部第 1 章・第 2 章・第 3 章、
　　　　　　　　　　　　　　　　　　　第三部、あとがき

栗田佳代子（東京大学大学院
　　　　　　　教育学研究科　准教授）　第二部第 3 章

竹中　　亨（研究開発部・教授）　　　　第一部第 3 章

長谷川壽一（理事）　　　　　　　　　　編集協力

福田　秀樹（機構長）　　　　　　　　　編集協力

水田　健輔（研究開発部・教授）　　　　第一部第 2 章

山本　進一（研究開発部長・特任教授
　　　　　　　現在　豊橋技術科学大学
　　　　　　　理事・副学長）　　　　　第三部

大学改革支援・学位授与機構大学改革マネジメントシリーズ
大学が「知」のリーダーたるための成果重視マネジメント

2020年10月30日　第1刷発行

編　著　（独）大学改革支援・学位授与機構

印　刷
発　行　株式会社ぎょうせい

〒136-8575　東京都江東区新木場1-18-11
URL：https://gyosei.jp

フリーコール　0120-953-431

ぎょうせい　お問い合わせ　検索　https://gyosei.jp/inquiry/

〈検印省略〉

※乱丁・落丁本はお取り替えいたします。　　　©2020　Printed in Japan

ISBN978-4-324-80105-5
(5613199-00-000)
〔略号：大学改革（知）〕